AF453222

QUESTION DE L'OR

MÉTAUX PRÉCIEUX ET MONNAIE

PAR

M. MICHEL CHEVALIER

Extrait du *Dictionnaire de l'Économie politique.*

PARIS

LIBRAIRIE DE GUILLAUMIN ET Cie

Editeurs du *Dictionnaire de l'Économie politique,*
de la *Collection des principaux Économistes,* etc.
14, RUE DE RICHELIEU

1853

Imprimerie de G. GRATIOT, 30, rue Mazarine.

AVERTISSEMENT.

Parmi les sujets qui se recommandent le plus immédiatement à la sollicitude des hommes d'État et des simples particuliers, il faut compter la dépréciation possible des métaux précieux, de l'or surtout, dans un prochain avenir. Cette éventualité, que font prévoir les découvertes récentes d'abondants gisements aurifères en diverses contrées, se réalisera-t-elle? Quelles en seraient les conséquences par rapport à la richesse privée et publique? Sous quelle forme le capital et le revenu ont-ils le plus de chances de retarder ou conjurer une diminution de leur valeur?

N'est-ce pas dès aujourd'hui un devoir de prudence pour les citoyens, d'équité pour les gouvernements d'aviser à des mesures tutélaires en faveur de certains intérêts menacés? A quels expédients recourir? Comment restreindre le domaine de l'aléatoire et concilier les principes de justice avec l'esprit de conservation? — Nous voyons une telle urgence à porter la lumière sur ces questions importantes, que nous nous décidons à reproduire, en un petit volume, deux articles sur les MÉTAUX PRÉCIEUX et la MONNAIE, que vient d'écrire pour notre *Dictionnaire de l'Économie politique* M. Michel Chevalier, membre de l'Institut. Les questions dont il s'agit y sont traitées avec toute la supériorité qu'on est en droit d'attendre d'une intelligence si élevée et si riche en notions exactes.

QUESTION DE L'OR

I

MÉTAUX PRÉCIEUX.

1. *Se distinguent par la fixité relative de leur valeur. — Exceptions remarquables à cette fixité. — Influence des mines de l'Amérique.*

On donne le nom de métaux précieux aux deux métaux qui servent à faire de la monnaie, l'or et l'argent. Par là, ces deux substances remplissent une sorte de rôle politique : leur abondance ou leur rareté, lorsqu'elle se modifie dans une proportion marquée, exerce de l'influence sur les transactions ainsi que sur la distribution de la richesse, et occasionne des perturbations quelquefois profondes. En tant qu'ils font l'office de monnaie, l'or et l'argent sont des types auxquels on rapporte la valeur de toutes choses.

Lorsque les hommes, par un accord dont l'unanimité est curieuse, les ont choisis pour servir de matière monétaire, ils y ont été déterminés par un ensemble de caractères physiques que nous mentionnerons plus tard, à l'article MONNAIE. Ils ne l'ont pas moins été par cette circonstance qui a paru caractériser spécialement l'or et l'argent, que c'étaient deux marchandises dont la valeur, par rapport à toutes les autres, était moins sujette à varier. La fonction monétaire suppose même, pour être parfaitement motivée, que la matière dont on fait de la monnaie réalise la condition d'une valeur immobile; et, en effet, si la substance monétaire était sujette à de grandes variations de valeur, il est clair qu'en lui rapportant la valeur de tous les produits de l'industrie humaine, on imprimerait aux transactions un caractère d'incertitude qui les embarrasserait et les fausserait.

Pour qu'une matière quelconque conserve la même valeur sur le marché, diverses conditions sont à remplir. Il est nécessaire qu'elle s'obtienne à peu près toujours avec une même somme de frais. Il faut en outre qu'elle soit l'objet d'une demande et d'une offre égales parmi les hommes; ou, si elle cesse d'être offerte et demandée en quantité constante, que la proportion de l'offre à la demande demeure la même[1].

[1] A proprement parler, il n'est pas exact de dire que la valeur reste absolument la même, quand le rapport entre l'offre et la demande ne varie pas. Si l'offre décuple et que la demande décuple aussi, il n'est pas dit que pour cela la valeur n'éprouvera aucun changement. Ce qui est exact, c'est que la valeur dépend du rapport entre l'offre et la demande. Pour nous servir d'une expression employée en mathématiques, elle est une *fonction* de ce rapport; mais elle dépend aussi de la grandeur absolue de l'offre et de la demande, et elle peut être subordonnée à d'autres circonstances encore.

Ces conditions se trouvent passablement remplies par l'or et par l'argent, du moins lorsqu'on embrasse un intervalle de temps qui excède même la durée des transactions habituelles les plus longues. Dans leur ensemble, les mines d'où on les extrait les présentent dans des conditions qui varient très peu d'une année à l'autre ; ordinairement aussi la grandeur de l'extraction est peu sujette à changer. Il y a cette raison considérable pour que le rapport entre l'offre et la demande ne subisse que des modifications très faibles pendant un certain laps de temps, que la quantité extraite chaque année ne forme qu'une fraction très modique de ce qui s'en trouve à l'état d'offre permanente par le fait des lingots qui sont chez les marchands, de la monnaie qui existe en circulation, et enfin de tous les articles en or et en argent qui sont en vente.

Il n'en est pas moins vrai que, de temps en temps dans la série des siècles, on voit s'altérer grandement les causes qui tendaient à rendre passablement fixe la valeur des deux métaux et à les constituer plus ou moins exactement à l'état de types absolus auxquels on puisse rapporter la valeur de toutes choses. Des mines nouvelles s'offrent à l'exploitation avec un caractère inusité d'abondance, avec des facilités inaccoutumées pour l'extraction; ou bien des procédés nouveaux sont mis en œuvre,

M. J.-S. Mill a très bien expliqué, dans ses *Principes d'Économie politique*, comment à chaque instant la valeur se règle en conséquence de l'offre et de la demande.

qui permettent d'augmenter la production et de la rendre en même temps plus économique. Celui des métaux précieux que ces phénomènes industriels affectent, et tous les deux, si l'un et l'autre se trouvent soumis à des influences de ce genre, baissent de valeur par rapport à l'ensemble des marchandises, en supposant que pour celles-ci toutes les circonstances propres à agir sur leur valeur demeurent les mêmes. L'effet inverse a eu lieu aussi à certaines époques de l'histoire. L'extraction de l'or et de l'argent a pu se trouver presque suspendue sous l'empire de guerres ou de catastrophes qui détruisaient la sécurité du travail ; ou bien il y a eu quelque rupture violente et prolongée des rapports avec les contrées d'où l'on était habitué à tirer l'or ou l'argent. De tels événements ont pour conséquence plus ou moins immédiate ou plus ou moins éloignée, que l'or ou l'argent acquière une valeur plus grande par rapport à l'ensemble des marchandises, et même l'un par rapport à l'autre, lorsque celui-ci échappe à la force qui agit sur le premier. L'épuisement, même partiel, et l'appauvrissement des mines connues aurait, on le conçoit sans peine, exactement le même effet.

L'histoire a conservé le souvenir de plusieurs époques où se sont révélés avec énergie les faits que nous venons d'indiquer d'une manière générale. L'exemple le plus remarquable qui s'en présente naturellement à l'esprit, et certainement le plus classique, est celui dont on fut témoin après la découverte de l'Amérique. A la fin du quinzième siècle, l'Europe ne possédait plus qu'une petite frac-

tion de la masse d'or et d'argent qu'elle avait eue
sous les Romains. Autant qu'il est permis d'indiquer
une quantité quelconque, je ne croirais pas qu'alors
il y eût en Europe plus qu'une somme de 1 milliard
en or ou en argent, dont environ 300 millions pour le
premier et 700 pour le second; c'est-à-dire 300 millions de fois 29 centigrammes d'or (87 mille kilogr.)
et 700 millions de fois 4 grammes 1/2 d'argent
(3 millions 150 mille kilogr.). Une partie considérable avait été enfouie dans les temps d'invasion
ou de dévastation, et avait été perdue. Une autre
partie, très grande à la longue, avait disparu en
parcelles insaisissables par l'effet de l'usage qui
avait rongé petit à petit les pièces de monnaie en circulation et les ustensiles en métaux
précieux. Une troisième partie, très forte, avait
passé dans l'Orient pour solder les marchandises
tirées de l'Inde, de la Chine et des contrées à
épices. Enfin l'art d'exploiter les mines était resté
longtemps anéanti en Europe, et l'on s'y était
médiocrement remis encore. Dans ces circonstances, Christophe Colomb découvrit un monde
nouveau où s'offraient de riches mines d'or et
d'argent.

Les mines d'or surtout avaient été exploitées
par les indigènes, et ce fut d'abord de l'or qui
d'Amérique fut envoyé en Europe, au point qu'en
Espagne ce fut l'or qui commença à éprouver une
baisse par rapport à l'ensemble des denrées, et
qui d'abord baissa par rapport à l'argent. Le fait
est constant, et M. de Humboldt en a fourni la
preuve par un édit daté de Médina qu'il rapporte. C'est que l'extraction de l'or est plus sim-

ple que celle de l'argent, et mieux à la portée des peuples primitifs qui occupaient le Mexique et le Pérou. Les gisements d'où l'or s'extrait sont des bancs d'alluvion placés à la superficie du sol ou à une très petite profondeur, et il suffit d'un lavage pour en retirer le métal, qui y est à l'état natif. L'argent, au contraire, est le plus souvent engagé dans des combinaisons avec le soufre, l'antimoine, l'arsenic, dont on ne peut l'arracher que par des opérations métallurgiques fort délicates, et il existe disséminé dans le sein de la terre en des filons de matières rocheuses dures qui plongent à une grande profondeur, et dont la bonne exploitation suppose les ressources d'une mécanique avancée. Ce ne fut qu'après que les Espagnols eurent formé leurs établissements dans le Mexique et le Pérou, que l'extraction de l'argent prit de l'importance. Les mineurs espagnols, à peu près forcés de s'exiler de la Péninsule par une ordonnance de Charles-Quint, de 1535, qui interdisait d'exploiter les mines des Espagnes, vinrent se précipiter sur les gisements argentifères du nouveau monde signalés par les *conquistadores*, qui recherchaient les métaux précieux avec une ardeur fébrile. Déjà, du temps de Montézuma, on grattait, au Mexique, les affleurements de quelques mines d'argent, telles que celles de Tasco. Pareille chose s'accomplissait au Pérou sur les mines de Porco et d'Oruro, du temps des Incas. On était arrivé de cette manière, fort peu de temps après la conquête, à produire, indépendamment de l'or, une quantité d'argent déjà forte, eu égard à ce qu'en rendaient les mines de l'Europe ; car, pendant le second quart du seizième siècle, on estime que l'argent retiré des mines de l'Amérique montait à 16 millions de nos francs, c'est-à-dire à 72 mille kilogrammes, quantité considérable pour ce temps-là. Mais pendant que les Européens recherchaient de toutes parts des mines sans en découvrir encore aucune qui fût vraiment extraordinaire, le hasard conduisit au milieu des affreux déserts du haut Pérou un pauvre Indien, conducteur de lamas, sur les flancs d'un pic isolé appelé le Potosi, où, avec la petite expérience qu'il avait acquise en travaillant aux mines de Porco, il reconnut la mine dont la richesse est demeurée proverbiale et qui est célèbre sous le nom de la montagne dont les flancs la recèlent. Depuis cette époque jusqu'à nos jours, le Potosi a fourni une masse d'argent qu'on ne peut évaluer à moins de 6 milliards, ce qui formerait un poids d'au moins 27 millions de kilogr. Par suite de l'exploitation de ce gîte, ce fut bientôt en Europe comme une inondation d'argent. Il est à remarquer que la production de cette mine fut plus considérable pendant la période qui suivit immédiatement la découverte, c'est-à-dire pendant la seconde moitié du seizième siècle, qu'elle ne l'a été depuis ; parce que les filons du Potosi ont perdu, non de leurs dimensions, mais de leur richesse, à mesure qu'on a gagné la profondeur. A la même époque à peu près, on se mettait au Mexique à exploiter les mines de Zacatecas, de Sombrerete, et le filon depuis si renommé de Guanaxuato. Ce fut une nouvelle cause d'abondance pour l'argent.

Sous l'influence de ces masses d'argent et d'or,
extraites à des conditions avantageuses qu'on ne
rencontrait pas dans l'ancien continent, les deux
métaux précieux devaient baisser de valeur par
rapport aux denrées et à tous les produits de l'industrie. En choisissant pour terme de comparaison le blé, qui est de toutes les denrées celle
qu'on est fondé à considérer comme éprouvant
le moins de variations (à la condition cependant
de prendre des moyennes de 15 ou 20 ans), on
trouve, par exemple, qu'à Paris l'hectolitre de blé
qui s'échangeait communément, avant la découverte de l'Amérique contre 15 grammes d'argent,
ne s'obtint plus qu'en retour d'une quantité triple,
vers l'an 1620, soit un demi-siècle environ après
l'époque où la baisse de ce métal avait commencé
à se bien déclarer. Pour l'or le changement était
moindre, mais il était encore extrêmement sensible.

Nous avons esquissé ailleurs (voy. ARGENT) l'histoire des variations qu'a éprouvées la valeur de
l'argent, nous n'avons pas à y revenir ; nous dirons seulement qu'à partir du milieu du dix-huitième siècle, ce métal qui paraissait depuis quelque
temps stationnaire, ou même qui avait repris un
mouvement ascendant, se remit à baisser. Ce fut
surtout sous l'influence des mines de Guanaxuato
aidées de celles de Zacatecas. Si l'on admet que le
blé éprouve peu de variations dans sa valeur pourvu
que l'on calcule celle-ci d'après les moyennes d'un
certain nombre d'années, hypothèse qui, j'en con-
viens, n'est que plausible et ne saurait être absolument établie, on trouvera que la valeur de l'argent

a baissé de plus de moitié, entre le milieu et la fin du dix-huitième siècle. En un mot, l'hectolitre de blé qu'on avait obtenu pour 15 grammes d'argent à la fin du quinzième siècle, qu'il avait fallu payer 45 grammes du même métal après le premier quart du dix-septième, et qui vers 1750 se troquait contre moins de 40, obtint un retour de 90 grammes une fois qu'on fut à l'entrée du dix-neuvième.

Le changement qu'a éprouvé la valeur de l'or est moins grand. A l'époque de la découverte de l'Amérique, on peut admettre qu'un poids déterminé de ce métal s'échangeait contre une quantité de blé qui de nos jours ne se trouve diminuée que dans le rapport de 1 à 4, au lieu de celui de 1 à 6 qui subsiste pour l'argent.

II. *Quantités produites des deux métaux précieux depuis la découverte de l'Amérique. — Production annuelle au commencement du siècle et aujourd'hui. — Changement énorme dans la proportion des deux métaux.*

Beaucoup d'évaluations ont été présentées dans le but d'indiquer l'étendue de la production d'or et d'argent qui avait donné lieu à une baisse aussi forte. M. de Humboldt est le premier qui ait produit des calculs appuyés, en grande partie du moins, sur des bases certaines. Le lecteur consultera avec fruit ce qu'il a exposé à ce sujet dans son *Essai sur la Nouvelle-Espagne*. Il s'était arrêté au commencement du dix-neuvième siècle ; j'ai continué ces calculs jusqu'à 1848, époque à laquelle

la découverte des mines de la Californie a ouvert
une phase nouvelle de l'histoire des métaux précieux. J'ai cru même pouvoir, à la suite d'une
analyse rationnelle, modifier, mais seulement sur
des points accessoires, les résultats présentés par
cette autorité illustre. Je suis arrivé ainsi à ce
résultat, que le nouveau-monde a fourni, depuis
Christophe Colomb jusqu'en 1848, 122,050,724 kilog. d'argent (je parle toujours ici de métal fin,
c'est-à-dire exempt de tout alliage), formant la substance de 27 milliards 122 millions de francs Quant
à l'or, l'extraction des mines d'Amérique a donné
2,910,977 kilog., qui, selon les règles de la monnaie française, composeraient 10 milliards 26 millions. Pour les deux métaux ensemble, le total serait
ainsi de 37 milliards 148 millions. Le tableau
suivant indique comment les différentes régions
de l'Amérique ont concouru à cette production.

Production totale des mines d'argent et d'or de l'Amérique, par pays, jusqu'à la découverte des mines d'or de la Californie en 1848.

PAYS de provenance	Argent.		Or.		Valeur tot. par pays en millions de fr.
	Poids en kilogram.	Valeur en millions de fr.	Poids en kilogr.	Valeur en millions de fr.	
États-Unis.	»	»	22,125	76	76
Mexique. .	61,985,522	13,774	389,269	1,344	15,115
Nouvelle-Grenade. .	259,774	58	566,748	1,952	2,010
Pérou. . . } Bolivie. . . }	58,765,244	13,059	340,393	1,172	14,231
Brésil. . . .	»	»	1,342,300	4,623	4,623
Chili. . . .	1,040,184	231	250,142	862	1,093
TOTAUX. .	122,050,724	27,122	2,910,977	10,026	37,148

Il ne faut pas complétement passer sous silence les mines des autres contrées. Elles ont été sans doute moins productives que celles de l'Amérique ; cependant, en ne comptant dans la masse des métaux précieux qui en est sortie que la portion qui a été mise à la portée de la civilisation occidentale ou chrétienne [1], on peut estimer qu'il

[1] Nous écartons ainsi tout ce qui a pu être produit dans l'intérieur des contrées où les Européens n'avaient pas d'accès, comme l'Inde, le Japon qu'on dit riche en mines d'or, et la Chine, où les Européens ne pénétraient pas jusqu'à ces derniers temps, et dans l'intérieur de laquelle il y a des mines d'or et d'argent.

y aurait la matière d'environ 6 milliards 1/2 en pièces frappées d'après les règlements de la monnaie française, savoir : 2 milliards 330 millions en argent, et à peu près 4 milliards 100 millions en or. L'origine de cette richesse est approximativement indiquée dans le tableau suivant :

Quantités d'argent et d'or fournies à la civilisation occidentale par les mines des pays autres que l'Amérique pendant les trois siècles terminés en 1848.

PAYS de provenance.	Argent.		Or.	
	Poids en kilogr.	Valeur en millions de fr.	Poids en kilogr.	Valeur en millions de fr.
Europe sans la Russie.	9,000,000	2.000	145,150	500
Russie.	1,485,000	330	319,330	1,100
Afrique, îles de la Sonde, etc.	»	»	725,750	2,500
TOTAUX. . .	10,485,000	2,330	1,190,230	4,100

Quelque éblouissante que soit la somme d'environ 43 milliards 1/2, ainsi retirée des mines d'or et d'argent dans les différents pays peuplés par la civilisation occidentale ou chrétienne, il est impossible de ne pas faire cette réflexion qu'en somme, par année moyenne, c'est encore modique; c'est au-dessous du médiocre en comparaison de ce qu'ont pu donner dans le même intervalle de trois siècles d'autres branches de l'industrie humaine. La fabrication des seuls tissus de coton dans le monde, dans l'Angleterre toute seule, crée des richesses bien autrement considérables. Les houillères, à ne prendre que la valeur de la marchandise sur le carreau de la mine, donnent lieu à une production d'une plus grande valeur. A considérer la force motrice et la chaleur qu'on en retire une fois qu'elle est parvenue aux lieux où elle est consommée, et à l'aide desquelles on transforme incessamment les matières premières, ce serait bien autre chose encore. Il ne faut qu'un petit nombre d'années à l'industrie britannique, considérée dans son ensemble, pour susciter une valeur égale à tout ce que l'Amérique a rendu d'or ou d'argent avec le labeur de trois cents ans.

Cette observation a pour objet de faire ressortir, par voie de comparaison avec les métaux précieux, ce que valent pour une industrieuse nation de vastes bassins houillers, et combien ils sont préférables aux mines de métaux précieux les plus renommées, malgré l'attrait qu'ont celles-ci pour le vulgaire. C'est que, en bonnes mains, les mines de charbon sont pour ainsi dire des mines de travail, et le travail est la source de la richesse.

Depuis 1848, époque à laquelle se reporte la récapitulation précédente, de nouveaux faits se sont révélés dans l'exploitation des métaux précieux, ou, pour mieux dire, de celui des deux qui possède la plus grande valeur, de l'or. Des gîtes aurifères d'une richesse inaccoutumée et d'une vaste étendue ont été découverts en 1848 dans la Californie, et en 1851 dans l'Australie. Pour donner une idée du changement qui paraît se préparer à l'égard de ce métal, il faut même remonter un peu plus loin que 1848, et porter son attention sur d'autres contrées. En 1848, il y avait déjà plus de vingt ans que des alluvions riches en **or** avaient été trouvées dans la Russie orientale et la Sibérie, et s'étaient montrées d'une étendue immense. Jusqu'au 1er janvier 1848, à partir de 1819, date de leur découverte, il en a été extrait 260 mille kilog. d'or, qui formeraient 900 millions de fr. à très peu près. La production annuelle est, depuis 1847, d'environ 30 mille kilog.

Au commencement du dix-neuvième siècle, on peut estimer qu'il arrivait sur le marché général 900 mille kilog. d'argent faisant 200 millions, et à peu près 24,000 kilog. d'or faisant 82 millions, total, 282 millions. En 1848, par le fait 1° de la Russie, qui fournissait un contingent d'or considérable, 2° de l'Europe, qui rendait une certaine quantité d'argent de plus, et 3° de quelques parties de l'Asie, jusqu'alors presque étrangères au marché général, mais qui se trouvaient déjà, à l'époque dont nous parlons, mises en communication avec lui, et au sujet desquelles j'ai reçu de bons renseignements de M. Natalis Rondot, la production approchait d'un million (plus exactement 975,000) de kilog. d'argent, et de 72 mille kilog. d'or ; c'était un total de 464 millions de francs dont environ 247 1/2 en or, et 216 1/2 en argent. Le changement était déjà notable. Il y a des siècles qu'on n'avait vu une aussi forte proportion d'or par rapport à l'argent. Au commencement du siècle, la proportion était de 1 kilog. d'or contre 38 kilog. d'argent, ou de

2 fr. 45 c. en argent contre 1 fr. en or. En 1847,
c'était de 1 kilog. d'or contre 13 1/2 en argent, ou
de 0 fr. 87 c. seulement en argent contre 1 fr. en
or. La moyenne de l'exploitation de l'Amérique,
depuis l'origine jusqu'en 1848, était de 1 kilog.
d'or contre 42 kilog. d'argent, ou de 2 fr. 70 c.
en argent contre 1 fr. en or. Pour l'ensemble de
l'approvisionnement versé sur le marché général
depuis trois siècles, de 1 kilog. d'or contre 32 d'argent, ou de 2 fr. 09 c. en argent contre 1 fr. en
or. Quelque grand que fût le changement en 1848,
il est devenu bien autre aujourd'hui. D'après les
calculs présentés par M. Émile Chevalier dans un
des rapports qu'il a adressés au ministre des affaires étrangères pendant une mission à Panama
(*Annales du Commerce extérieur*, 1852, n° 573),
la quantité d'or qui avait traversé l'isthme, ve-
nant de la Californie, n'aurait pas été, en 1850,
de moins de 469 millions de francs, ce qui re-
présenterait 136 mille kilog.; afin de présenter
une évaluation qui soit évidemment modérée, disons seulement 100 mille[1]. Nous n'estimerons la

---

[1] M. Émile Chevalier a constaté qu'en 1850 la totalité
de l'or transporté par une seule maison de Panama,
qui, à la vérité, a entre ses mains presque tout ce commerce, a été de 261,208,136 fr., et qu'en y joignant ce
qu'une autre compagnie a transporté, l'on avait déjà
un total de 268,301,469 fr. A ces quantités parfaitement
constatées, il faut ajouter l'or que portent avec eux
beaucoup de voyageurs, qui ne jugent pas devoir le
laisser comme fret aux compagnies de bateaux à vapeur.
Là-dessus on est réduit à des conjectures. « Une personne très compétente dans ces sortes de questions, dit

production de l'Australie qu'au double de celle de la Sibérie, et au moment où nous écrivons, l'opinion des personnes bien informées en Angleterre est que cette contrée doit produire plus d'or que la Californie elle-même. On aurait ainsi pour les deux nouveaux foyers d'extraction 160 mille kilog. ou 550 millions de fr. à ajouter à la production de l'or seul, ce qui ferait, pour les deux métaux, et en supposant l'argent stationnaire, un total de plus de 1 milliard de fr., dont, en nombres ronds, 232 mille kilog. ou près de 800 millions en or, et 975 mille kilog. ou 216 millions en argent. A ce compte, il n'y aurait guère que 4 kilog. d'argent contre 1 d'or ou 0 fr. 27 c. d'argent contre 1 fr. d'or. C'est le bouleversement total de la proportion qui existait jusqu'à l'ouverture du siècle. L'excès de la production de l'or par rapport à ce qui se passait il y a cinquante ans serait, en effet, de plus de 200 mille kilog.; par rapport à 1847, il serait de 160 mille. On voudra bien remarquer que nous calculons au plus bas.

M. Émile Chevalier, pense que la somme ainsi transportée peut être évaluée aux trois quarts de celle qui est expédiée comme fret, ce serait donc **37,693,474** dollars à ajouter, ce qui donnerait un total de **88 millions** de dollars, ou **469,333,333** fr. » En admettant que la personne dont M. Émile Chevalier répète l'opinion au sujet de la quantité d'or que les voyageurs gardent par devers eux, ait exagéré du simple au double, on tombe encore sur un total de 69,153,262 dollars, ce qui excéderait 100 mille kilogrammes d'or fin, car le dollar des États-Unis en or contient 1 gramme 505 milligrammes d'or fin, et à ce compte, 69,153,262 dollars contiennent 104 mille kilogrammes.

III. *Comment s'accomplit la baisse des métaux précieux sous l'influence de mines plus riches et abondantes.*

Dans ce qui précède, quand nous parlons de l'accroissement de la production de l'or ou de l'argent, nous sous-entendons, et le lecteur l'aura certainement compris, que cet accroissement concorde avec des conditions d'extraction plus favorables. On conçoit, en effet, que la production d'un grand surplus de métaux précieux, comme de toute marchandise au reste, ne peut se soutenir qu'autant que ce qui est produit trouve à s'écouler sur le marché, et il n'y a pas de moyen d'obtenir cet écoulement si les détenteurs de l'article ne lâchent la main, d'autant plus qu'ils ont à écouler davantage. Or comment la lâcheraient-ils d'une manière continue s'ils ne produisaient à moindres frais? Les mines du Potosi occasionnèrent jadis la forte baisse de l'argent que nous avons rappelée, parce que la quantité de travail qu'elles exigeaient, la masse d'efforts et de sacrifices de tout genre qu'il fallait faire pour retirer 1 kilog. d'argent, était moindre que la quantité ou la masse correspondante dans toute autre mine, et parce que d'ailleurs le gisement était tel que la production pût être grande. Pour employer les mots consacrés par Ricardo, les *frais de production* y étaient moindres en même temps que la production pouvait y être étendue. C'est en ce sens qu'on doit entendre ici ces mots : la mine du Potosi fut une mine très riche.

Cette condition est la même à laquelle satisfont

aujourd'hui, quant à l'or, les mines de la Californie et de l'Australie ; par cela même elles comportent une baisse de la valeur de l'or par rapport
aux autres denrées.

Mais comment s'accomplit une baisse pareille?
elle s'accomplit parce qu'un rapport nouveau s'est
révélé entre l'offre et la demande. L'offre est beaucoup agrandie, il faut déterminer une demande
égale. On y parvient, comme nous le disions tout
à l'heure, en lâchant la main. Si les bagues d'or
et les croix d'or, par exemple, restent à un prix
très élevé, une multitude de personnes se rejet-
tent sur les bagues et les croix d'argent. Mais si,
pour se procurer la satisfaction d'offrir une croix
d'or à sa femme ou à sa fille, le cultivateur n'a
plus besoin que de donner cinq journées de travail
au lieu de dix, ou un demi-hectolitre de blé au lieu
d'un hectolitre, il est vraisemblable que ce sera
une raison suffisante pour faire acheter de plus
d'un la croix d'or.

La baisse, on le saisit sans peine, ne se déclare
que juste dans les proportions où les détenteurs de
la marchandise sont obligés de céder pour s'en
défaire. Restons sur l'exemple des croix d'or. Supposez que l'agriculture et l'industrie en général
soient en grande prospérité, et que de gros salaires
rémunèrent le labeur des ouvriers des champs et
des villes ; la demande de cet ornement sera
beaucoup plus forte qu'à l'ordinaire, de même
celle de beaucoup d'articles du même métal. Il
ne sera pas impossible alors que, malgré l'offre
sur le marché d'une beaucoup plus grande masse
de croix d'or et d'autres bijoux en or, ces articles

s'échangent contre la même quantité de journées
de travail qu'auparavant. Règle générale, l'accroissement d'une demande ancienne ou l'appari-
tion d'une demande nouvelle tendent à maintenir
les cours ou la valeur, de même qu'une augmentation de l'offre ou une diminution de la demande
antérieurement existante tendent à l'abaisser.

Après la découverte de l'Amérique, la baisse de
l'argent et de l'or eût été plus rapide, et peut-
être plus marquée en dernière analyse, sans diverses circonstances qui occasionnèrent un grand
surcroît de demande. La civilisation se développa,
le luxe augmenta beaucoup avec la prospérité, le
goût des ornements et des ustensiles en métaux
précieux se répandit ; jusque-là c'étaient des objets
réservés presque uniquement aux princes et aux
églises. Des contrées où la civilisation n'avait pas
pénétré, telles que le nord de l'Allemagne et la
Russie, se policèrent, et en conséquence reven-
diquèrent un certain contingent de métaux précieux. Il fallut surtout beaucoup plus de pièces
de monnaie dans tous les pays pour des transactions toujours croissantes ; il en fallut d'autant
plus que, pour un même montant de transactions,
la quantité d'or ou d'argent qui suffisait jadis se
trouvait de plus en plus insuffisante, à mesure
que baissait la valeur des métaux précieux. Nous
avons signalé ailleurs (voy. ARGENT) diverses autres causes qui se mirent à absorber une proportion plus forte qu'auparavant de métaux précieux ; ce fut notamment le commerce de l'Inde
et de la Chine où une masse énorme d'argent est
allée s'engloutir.

IV. *Jusqu'à quel point diverses causes ten-
draient à modifier la tendance à la baisse
qui est présumable pour l'or, relativement à
l'argent en particulier. — De l'influence que
peut exercer le développement du luxe.*

En présence de la production inouïe de l'or que
nous avons signalée comme un fait déjà accompli,
mais qui tend à prendre des proportions plus
fortes, il est deux questions qui s'indiquent naturellement : 1° La baisse de l'or, qui semble réellement devoir s'ensuivre, est-elle un bien ? 2° Jusqu'à quel point diverses causes pourraient-elles
modifier la tendance à la baisse, que cette extraction prodigieuse semble devoir entraîner pour ce
métal, par rapport à tous les produits de l'industrie humaine, et spécialement par rapport à l'argent?

Quant à la première question, nous ne dirons
ici que quelques mots. En soi, la baisse de l'or,
de même que celle de toute autre marchandise,
est un bien, car toute marchandise qui baisse est
par cela même plus accessible ou moins inacces-
sible au commun des hommes. Mais l'attribution
monétaire dont l'or est investi entraîne des conséquences toutes particulières. Une baisse de l'or
peut dès lors n'amener rien moins qu'une révolution monétaire, et c'est un fait grave, car il en
résulte un grand dérangement d'existence pour
beaucoup de personnes ; nous aurons occasion de
le dire lorsque nous traiterons des conséquences
que peut avoir la baisse des métaux précieux à
l'article Monnaie. L'avantage de se procurer plus
aisément ou moins difficilement des objets en or

ou dorés n'est pas de nature à exercer sur la condition des hommes, pour l'améliorer, une influence extrême, une influence telle qu'il y ait une compensation suffisante aux souffrances d'une partie considérable de la société.

Mais on n'aurait qu'une vue fort incomplète du sujet si, en examinant les conséquences qu'amène la baisse des métaux précieux, lorsqu'elle résulte de causes pareilles à celles qui se manifestèrent après la découverte de l'Amérique, ou qui se révèlent aujourd'hui pour l'or, on omettait l'impulsion qui s'ensuit pour l'esprit d'entreprise, et le changement qui se produit dans la situation des intérêts nouveaux par rapport aux intérêts anciens. Les conséquences de cet ordre se rattachent à la fonction monétaire que remplissent les métaux précieux. Nous en parlerons à l'occasion de la Monnaie ; nous en dirons cependant un mot bientôt dans le présent article.

Arrivons à la question de savoir s'il est réellement très probable que l'or doive se mettre à baisser dans un avenir extrêmement prochain. Parmi les personnes qui sont versées dans ces matières, il en est qui se montrent disposées à penser qu'un changement notable dans la valeur de l'or n'est point dans l'ordre des choses probables, par rapport à l'ensemble des produits, et spécialement par rapport à l'argent. Elles allèguent qu'un immense débouché est ouvert pour tout l'or que les mines nouvelles pourront produire. Ainsi l'on s'appuie de ce qu'en ce moment plusieurs puissances constituent leur système monétaire sur la base de l'or ; on cite en ce genre les États-Unis et la Russie. On fait valoir l'augmentation assez rapide de la population à la faveur de la paix continue dont jouit le monde, augmentation qui appelle une extension égale de la monnaie et des autres usages que reçoit l'or. On remontre que des États nouveaux s'organisent dans des régions jusqu'alors vouées à la solitude, telles que l'Australie, par exemple. On dénombre des pays barbares ou déchus qui naissent ou reviennent à une civilisation avancée, comme les provinces intérieures de l'empire de Russie et comme la Turquie. On s'appuie enfin sur le mouvement général d'ascension qui porte les peuples vers l'aisance, vers les jouissances du luxe, et par conséquent vers un emploi de plus en plus vaste des métaux précieux en général, et de l'or en particulier.

J'admets que chacune de ces causes qui viennent d'être énumérées existe, et j'en signalerai même d'autres qui seraient propres à retarder et à ralentir l'accomplissement des effets résultant d'une extraction d'or forte et soutenue. Ainsi l'avilissement de l'or, du moment que ce métal est employé à faire de la monnaie, rencontre, dans la monnaie même, une digue qui le contient entre certaines limites. Supposons, par exemple, un pays qui aurait un milliard de francs en pièces d'or ; ce serait en nombres ronds une masse de 300 mille kilog. d'or fin[1]. Si une baisse d'un tiers survenait dans la valeur du métal, par cela même 3 grammes n'ayant plus que la valeur

1 Plus exactement 290,300 kil.

possédée auparavant par 2, les 300 mille kilog. ne rempliraient plus dans les transactions que l'effet auquel préalablement 200 mille kilog. suffisaient. Il faudrait donc que la monnaie se recrutât d'une masse qui répondît au service rempli antérieurement par 100 mille kilog., elle devrait donc monter à 450 mille kilog. Ce vide de 150 mille kilog. à combler ne laisserait pas que d'être assez considérable ; il se présenterait dans plusieurs pays à la fois, et jusqu'à ce qu'il fût rempli dans tous, l'or dans sa baisse s'arrêterait à ce niveau des deux tiers de la valeur passée.

Mais de ce fait et de tous les autres que l'on met en avant afin de faire considérer comme fort peu probable une diminution marquée de la valeur de l'or, s'ensuit-il réellement, en bonne logique, que l'or en effet doive rester à peu près au même point, dans la supposition, car après tout ce n'est encore qu'une hypothèse, de plus en plus probable cependant, que la production atteindrait ou pour mieux dire conserverait pendant une longue suite d'années des proportions beaucoup plus grande que par le passé. J'avoue que je ne puis voir dans tout ce qu'on cite que des motifs de retard ou de ralentissement de la baisse ; je pense même que ce retard ou ce ralentissement auraient assez tôt leur terme. Prenons en effet une à une les différentes causes que l'on met en avant.

Les États-Unis, dit-on, ainsi que la Russie frappent ou réservent, pour la garantie de leur papier de circulation, de fortes quantités de monnaie d'or. Rien de plus exact pour les dernières années, mais précisément parce que ce phénomène subsiste depuis un certain temps, il n'est pas destiné à avoir encore une durée bien grande. Si l'Angleterre a assez de monnaie d'or avec un milliard de francs [1], on peut, quant à présent, croire qu'il en faut moins d'un milliard aux États-Unis, parce que là on a moins encore qu'en Angleterre l'habitude de garder chez soi des espèces. L'usage des comptes courants en banque, qui économise tant le numéraire, y est universel ; on l'y retrouve même dans les villages. Il est aussi à remarquer que les billets de banque aux États-Unis suppléent la monnaie métallique plus largement qu'en Angleterre, car les Américains ont des billets de banque de 5 dollars (27 fr.) dans tous les États, d'un montant bien moindre dans plusieurs, et ce sera un grand tour de force que de les amener à adopter comme minimum de leurs billets la somme de 10 dollars (54 fr.), tandis que dans le Royaume-Uni le minimum des billets, de ceux du moins qui seuls sont accrédités dans la majeure partie des provinces, est de 5 liv. (126 fr.).

A ce compte, les États-Unis, après le fort monnayage qui s'y est fait depuis la découverte des mines de la Californie, doivent être munis présentement d'au moins la moitié de l'approvisionnement qu'il leur faudrait avec la valeur présente de l'or, et nous forcerons le calcul si nous

---

[1] On sait qu'en Angleterre il n'y a de monnaie qu'en or. Les pièces d'argent y jouent le rôle que remplit le billon chez nous. Elles ne sont admissibles qu'à titre d'appoint et jusqu'à concurrence de 2 liv. sterl. (50 fr.). Aux États-Unis, au contraire, les deux métaux figurent sur le même pied dans la monnaie.

admettons que, pour compléter leur appareil monétaire, il leur faille encore 150 mille kilog. de métal ; ce serait de quoi fabriquer de la monnaie pour plus de 500 millions de fr. Quant à la Russie, on peut croire qu'elle est plus proche encore du but, car il y a longtemps que le gouvernement russe s'est mis à faire monnayer ou à entasser dans la forteresse de Saint-Pierre et de Saint-Paul, à Saint-Pétersbourg, une bonne partie de l'or qui vient des mines, afin de servir de garantie au papier qui circule dans l'empire comme instrument des échanges. Nous compterons largement en calculant qu'elle réclame en supplément une masse de 150 mille kilog. d'or. Pour ce qui est de la Turquie, sans médire de cette puissance, et en rendant hommage aux efforts généreux et éclairés qu'y font quelques hommes d'État, dans le but de replacer l'empire dans le courant de la civilisation, ses progrès sont très lents, et la quantité d'or qu'elle parait devoir absorber, tant pour la destination monétaire que pour tous les autres usages, paraît devoir être extrêmement limitée d'ici à un long intervalle de temps.

Il y a des pays sans doute qui naissent à la civilisation ; l'Australie et ses dépendances en sont un frappant exemple, de même que la Californie et l'Orégon, et diverses régions intérieures de l'Amérique. Parmi ces pays il en est qui battront monnaie en or, qui pourront même n'avoir d'autre monnaie que l'or, ou, ce qui revient au même, qui reprendront à l'Europe sous la forme d'espèces monnayées, pour le service de leurs transactions, une fraction de l'or qu'elles lui auront expédié en lingots ou en poudre : on n'en saurait douter, pour l'Australie notamment[1]. Mais en supposant, ce qui me paraît fort exagéré, que d'ici à dix ans ces pays, et la Turquie avec eux, puissent ensemble absorber pour leur système monétaire un milliard de francs en or, c'est-à-dire près de 300 mille kilog., on se placera au delà de tout ce qui est possible.

Pour ce qui est du luxe, de l'usage des dorures qui se répand de plus en plus, de la fabrication croissante des bijoux en or, lorsqu'on se rend bien compte des quantités de métal que ces divers emplois absorbent, on ne peut s'empêcher de reconnaître que c'est peu de chose, en égard à la production de l'or qui s'annonce. On ne fait jamais en or que des objets très légers, et quant à la dorure, ce qu'on en peut obtenir avec un kilog. de métal dépasse ce que l'imagination peut concevoir. On réduit en effet l'or en feuilles dont l'épaisseur n'a qu'un dix-millionième de mètre. De la sorte, avec un mètre cube massif d'or, qui pèserait, il est vrai, 19,258 kilog., et formerait 3 millions 316 mille pièces de 20 fr., on pourrait dorer une superficie de mille hectares. Cela représente bien des cadres dorés, bien des filets d'or répandus dans les appartements. Avec mille kilog. on a encore une superficie de 52 hectares ; c'est encore énorme, supérieur vraisemblablement à tout ce qui passe en dorures dans le monde.

[1] Ainsi en ce moment (novembre 1852) on estime que l'Australie a reçu de l'Angleterre des pièces d'or pour une somme de 100 millions de francs.

L'or qui sert à faire les galons s'étend bien davantage encore. On calcule que sur des fils d'argent l'or peut arriver à une épaisseur douze fois moindre que l'or battu, si bien qu'un gramme d'or, valant aujourd'hui 3 fr. 44 c., suffit à dorer un fil de deux cents kilomètres de long.

Au sujet de la quantité d'or qui est absorbée par la bijouterie et l'orfévrerie, il est difficile de présenter une évaluation positive, parce que ce sont de vieilles matières souvent qui sont refondues. M. de Humboldt, qui avait étudié cette question avec tous les renseignements qu'il était possible de réunir en 1824, présentait pour l'Europe entière une estimation de 9,200 kilog. d'or. Mais si, comme le supposait Necker d'après une hypothèse que M. de Humboldt n'est pas éloigné d'admettre, la moitié seulement des métaux précieux employés à la fabrication de l'orfévrerie et de la bijouterie est du neuf, il serait resté seulement pour 1824 une quantité de 4,600 kilog. de métal à emprunter aux mines. D'ailleurs les relevés officiels dressés au moyen des bureaux de garantie, que nous reproduisons un peu plus bas pour la France et l'Angleterre, montrent que l'emploi de l'or dans la bijouterie ne suit pas une progression bien rapide, de sorte qu'on sera bien au-dessus de la vérité si, pour tenir compte du changement survenu depuis 1824, on double la masse de 4 mille 600 kilog. alors employée en or. Avec cette évaluation forcée, on arrive ainsi au chiffre de 9,200 kilog. pour exprimer la quantité d'or qui présentement passe dans l'orfévrerie et la bijouterie du fait de l'Europe, en admettant, il est vrai , l'hypothèse ci-dessus indiquée de Necker ; nous dirons 15 mille , afin de tenir compte de la très petite quantité d'articles en or qui sont fabriqués en Amérique ou dans les colonies, et surtout pour nous mettre au-dessus de toute contestation par rapport à la proportion de vieilles matières qui servent à faire l'orfévrerie et la bijouterie nouvelle. Et pour avoir très largement égard au progrès probable du luxe, à partir d'aujourd'hui, nous porterons 5 mille kilog. de plus , ce qui nous conduira à un total de 20 mille. 20 mille kilog. représenteront et au delà la quantité annuelle d'or neuf qui d'ici à une dizaine d'années pourra être absorbée moyennement par l'industrie, dans la supposition que l'or conserve sa valeur actuelle, et aussi que rien n'interrompe parmi les peuples civilisés la marche ascendante de la prospérité, qui porte les hommes à employer de l'or pour l'ornement de la personne ou de la demeure.

Je crois devoir ici insister sur ce point, que le progrès de l'aisance et du luxe ne paraît pas devoir, tant que l'or conservera sa valeur actuelle, offrir un débouché rapidement croissant à ce que les mines fourniront de ce métal, et la même remarque s'applique à l'autre métal précieux, l'argent. Les relevés des bureaux de garantie donnent à ce sujet des renseignements positifs. M. de Humboldt rapporte qu'en 1809 il a passé par les bureaux de garantie des 86 départements de la France actuels 2,634 kilog. d'or et 61,867 kilog. d'argent. D'après des renseignements officiels qui m'ont été communiqués, pendant les trois années

1824, 25 et 26, qui sont les trois années où la fabrication de l'orfévrerie tant en argent qu'en or a été
la plus active, sous le gouvernement de la restaura-
tion, les ouvrages en argent ont absorbé de métal
tant vieux que neuf 65,555 kilog., et que pendant
les années 1836, 37 et 38, qui furent au nombre des années très prospères sous le gouvernement de juillet, cette fabrication ne s'éleva en
moyenne qu'à 70,965 kilog. ; elle ne monta qu'à
78,706 kilog. pendant les années 1844, 45 et
46, qui furent aussi très florissantes. Pour les
objets en or, le poids moyen avait été en 1824,
25, 26, de 3,760 kilog. En 1836, 37 et 38, il fut
de 4,483 kilog. En 1844, 45 et 46, il alla à 5,753
kilog. ; le progrès est plus sensible que pour l'argent ; mais absolument parlant, l'augmentation
est faible, car c'est de 2,003 kilog. en vingt
ans, pour un pays qui est grand producteur de
cette sorte d'articles, le plus grand de tous, s'il
faut en juger par les quantités présentées aux
bureaux de garantie. Les relevés qui m'ont été
communiqués vont jusqu'à 1850 inclusivement,
mais nous élaguons 1847 qui fut une année de
misère, pendant laquelle les industries de luxe
durent être et furent en baisse ; de même, à cause
de la révolution, 1848 et 1849. En 1850, qui
fut relativement une année calme et heureuse,
on ne s'est élevé pour l'argent qu'à 57,217 kilog.,
pour l'or, qu'à 5,256. A cela il faut joindre, tant
pour cette année que pour les autres, une certaine quantité d'argent qui est étirée en fils ; c'est
communément une masse de 10,000 kilog. d'argent. Il est même à remarquer qu'en 1850 cet

2.

usage n'a réclamé que tout juste, à 350 kilog. près, la quantité employée 32 ans auparavant, en 1818.

La progression de la fabrication des objets en métaux précieux est donc lente. Le luxe de notre époque a le caractère démocratique : il est économe et rangé ; il se fait beaucoup de dorures et d'argentures, peu d'objets massifs en argent et encore moins en or.

La même observation peut se faire au sujet de l'Angleterre, avec plus de force encore. Les renseignements publiés par M. Porter l'attestent. On trouve dans son bel ouvrage sur le *Progrès de l'Angleterre* [1] cette curieuse remarque, appuyée sur les déclarations faites aux bureaux de garantie, que pendant les huit années qui précédèrent la paix, savoir de 1807 à 1814, quoique ce fût une époque de souffrance publique, la quantité d'articles d'orfévrerie (*plate*) qui a été fabriquée pour la consommation nationale dans le Royaume-Uni, abstraction faite de l'exportation (laquelle au surplus a été peu considérable), a été en bloc, pour l'or, de 50,750 onces, pour l'argent de 8,290,157 ; tandis que pour la période des huit années, de 1830 à 1837, elle n'a été pour l'or que de 48,432 onces, et pour l'argent de 7,378,651, malgré les progrès notoires de l'aisance et l'accroissement très marqué de la population. En parcourant un des tableaux qu'a produits M. Porter, on constate que, à partir de 1837 comme auparavant, aucune période n'a égalé, même à beaucoup

---

[1] *Progress of the nation*, pages 533 à 536, édition de 1850.

près, pour l'argent celle des quatre années 1809, 10, 11 et 12; quant à l'or, il y a eu une augmentation dans ces derniers temps, mais elle est faible, et si l'on tenait compte de l'accroissement de population, elle se résoudrait en une diminution, pour peu qu'on prît la moyenne de quelques années.

C'est qu'en Angleterre le luxe prend les mêmes caractères qu'en France, il se tempère; on vise à l'économie; les riches eux-mêmes calculent davantage et sont moins fastueux. Certes, ainsi que le signale M. Porter, parmi les classes peu aisées, les ouvriers et les artisans, on aperçoit des articles en métaux précieux qu'on n'y distinguait pas autrefois, quelques coupes d'argent ou même de vermeil, des couverts d'argent plus encore, dans les tavernes la fourchette d'argent a remplacé la fourchette d'acier; mais en somme la masse de métaux précieux qui sert à faire des objets de luxe est, quant à l'argent, plutôt en retraite qu'en avance. Quant à l'or, elle ne s'est mise à croître que depuis très peu d'années; et même depuis 1830, aucune année n'a égalé le chiffre de 1826, qui fut de 8,405 onces.

L'objection peut être faite ici que les déclarations faites aux bureaux de garantie ne comprennent pas la totalité de la fabrication soumise aux droits, parce que les fabricants, pour éviter la taxe, vendent des articles qu'ils n'ont pas fait contrôler aux bureaux de garantie; il est vraisemblable qu'un quart des droits est ainsi fraudé. Mais cette objection, qui serait valable si nous avions affirmé qu'il ne s'emploie aucune parcelle d'or et d'argent dans les arts, par delà ce que nous venons de constater, n'a aucune force contre l'argumentation présentée ici, dont l'objet est d'établir que la progression de la fabrication des articles d'or et d'argent est lente. La fraude, en effet, ne dissimulerait pas la progression puisqu'elle affecterait toutes les années à peu près pareillement. Il y a même tout lieu de croire que la fraude est moindre aujourd'hui qu'elle ne l'était il y a vingt ou trente ans, parce que depuis lors le fisc, en France comme en Angleterre, a beaucoup perfectionné ses moyens de surveillance, d'où il faudrait conclure que les déclarations faites aux bureaux de garantie sont plus voisines de la vérité qu'il y a vingt ans, trente ans ou quarante ans, ce qui serait un motif pour que la progression apparente, telle qu'elle est accusée par les opérations des bureaux de garantie, fût plus forte que la progression effective de la fabrication.

A cette occasion, le lecteur parcourra avec intérêt les tableaux suivants I et II. Ils montrent l'un la quantité d'or et d'argent qui a été convertie en orfévrerie et bijouterie en France, année par année, depuis 1818 jusqu'en 1850 ; l'autre la quantité correspondante pour l'Angleterre depuis 1800.

I. *Relevé par année des quantités d'or et d'argent soumises à la marque de garantie depuis 1818 jusqu'à 1850 inclusivement* [1].

ANNÉES.	POIDS des ouvrages		POIDS des lingots dits de tirage.	
	d'or.	d'argent.	d'argentdoré	d'argent.
	kilog.	kilog.	kilog.	
1818. . . .	1,555	33,010	10,076	
1819. . . .	1,651	40,448	8,787	
1820. . . .	1,802	47,820	10,142	
1821. . . .	2,503	56,151	10,752	
1822. . . .	2,963	58,037	11,184	
1823. . . .	2,725	56,418	11,431	
1824. . . .	3,490	65,022	7,785	
1825. . . .	4,107	69,607	12,397	
1826. . . .	3,682	62,020	18,010	
1827. . . .	3,474	56,667	9,698	
1828. . . .	3,560	55,342	9,754	
1829. . . .	3,541	55,830	8,475	
1830. . . .	3,147	54,100	14,505	
1831. . . .	2,183	35,867	6,781	6,491
1832. . . .	2.684	45,861	6,223	3,934
1833. . . .	3,572	61,124	5,812	5,132
1834. . . .	3,840	63,429	5,814	2,895
1835. . . .	3,841	65,169	3,731	2,229
1836. . . .	4,263	72,065	5,753	2,415
1837. . . .	4,233	67,238	5,533	2,306
1838. . . .	4,953	73,594	6,940	2,933
1839. . . .	5,120	72,192	6,056	2,502
1840. . . .	5,102	71,213	5,886	2,671
1841. . . .	5,547	75,964	8,675	2,999
1842. . . .	5,562	78,558	7,023	2,744
1843. . . .	5,541	78,287	7,708	2,665
1844. . . .	5,827	78,319	7,801	2,885
1845. . . .	5,684	80,179	6,609	3,002
1846. . . .	5,747	77,622	7,341	2,485
1847. . . .	5,035	69,028	6,162	2,570
1848. . . .	2,162	26,199	5,452	3,919
1849. . . .	4,018	44,910	6,487	2,747
1850. . . .	5,256	57,217	7,783	2,641

[1] On remarquera, pour ce tableau comme pour le sui-

II. *Quantités d'or et d'argent soumises annuellement à la marque de garantie en Angleterre, de 1800 à 1850, d'après les moyennes des périodes quinquennales, en onces de 28 grammes 349* [1].

MOYENNES de cinq années.	OR.	ARGENT.
	onces.	onces.
De 1801 à 1805.	5,061	953,377
— 1806 à 1810.	5,881	1,128,917
— 1811 à 1815.	6,486	1,075,585
— 1816 à 1820.	6,448	1,113,779
— 1821 á 1825.	6,652	1,092,721
— 1826 à 1830.	7,281	1,334,785
— 1831 à 1835.	5,406	949,294
— 1836 à 1840.	7,023	1,197,677
— 1841 à 1845.	6,667	1,064,203
— 1846 à 1850.	7,636	977,661
Moyenne génle des 50 années.	6,454	1,088,794

On peut mesurer maintenant, avec une approximation grossière, mais suffisante ici, la force qui tendrait à maintenir la valeur de l'or à peu près au même point. Elle résulterait : 1° d'une demande d'or extraordinaire d'ici à peu d'années, de la part des États-Unis, de la Russie, de la Turquie, de l'Australie et de plusieurs autres

vant, que les quantités qui y sont portées comprennent l'exportation aussi bien que ce qui est destiné à l'intérieur.

[1] En Angleterre, quelques articles sont exempts du droit de garantie ; telles pour l'or les boîtes de montres : pour l'argent, l'exemption s'étend à un plus grand nombre d'articles, tous cependant d'un petit volume.

pays, demande que, d'après ce qui précède, nous porterons, en l'exagérant beaucoup, à 600 millions de kilog. ; 2° d'un surplus de demande pour l'accroissement de la monnaie, qui doit correspondre à l'accroissement inusité de la population. C'est une quantité annuelle qu'on doit regarder comme bornée, car en moyenne, dans les États occupés par la civilisation occidentale ou chrétienne, c'est à peine si la population s'accroît d'un pour cent tous les ans, et il serait difficile que cet accroissement allât jusqu'à un et demi. Admettons pourtant cette dernière proportion ; ce serait donc 1 1/2 pour 100 de la masse de la monnaie d'or qu'il faudrait ajouter annuellement à la quantité d'or qu'exige l'entretien de la monnaie, pour avoir égard à la multiplication extraordinaire de l'espèce humaine ; soit 20 millions de francs au maximum ; et en effet la monnaie d'or en Europe et en Amérique est moindre de 4 milliards. 20 millions de fr. font moins de 6 mille kilog. d'or ; en dix années ce sera 60 mille kilog.

En résumé, on constate ainsi que le débouché nouveau, indépendant du débouché actuel, sera, en comptant de la manière la plus large, pour une période de dix ans, de 740 mille kilog., savoir :

Pour le monnayage des États qui développent leur monnaie d'or. . . . . 600,000 kil.
Pour le surplus de bijouterie et d'articles dorés à 8,000 kilog. par an, dont 5,000 pour l'orfévrerie et la bijouterie, et 3,000 pour tous autres usages. 80,000
Pour l'accroissement de population. . 60,000

Total. . . . . . . , ... 740,000 kil.

Or qu'est-ce en comparaison de la masse de métal qui semble devoir être extraite pendant le même laps de temps, en sus de ce qui était retiré des mines sur lesquelles notre civilisation a la main, avant ces dernières années?

On a vu en effet que, en l'évaluant au plus bas, le supplément annuel de production par rapport à 1847, est de 160 mille kilogrammes. Pour dix ans, ce serait 1,600,000 kilog., déduisant de là le supplément de débouchés calculé au contraire au plus haut, il resterait une masse disponible de 860 mille kilog., qui ferait à peu près 3 milliards de fr. de notre monnaie d'or actuelle. L'excédant, assez modique pendant les trois ou quatre premières années, à cause des réserves métalliques qu'achèveraient de former les États-Unis et la Russie, grandirait très rapidement ensuite et continuerait de même après la première période de dix ans.

Il faut donc s'attendre à ce qu'il y ait sur le marché général une quantité d'or supérieure à celle qui peut se placer avec la valeur actuelle de ce métal; c'est dire qu'il faut s'attendre à la baisse.

A côté des causes qui poussent à l'augmentation de la quantité d'or qui trouve à s'employer dans le mécanisme monétaire ou dans les arts, il conviendrait pourtant de mentionner aussi les forces qui pourraient en provoquer la diminution. Il en est au moins une qui se présente naturellement à l'esprit, et qui n'aurait pas peu d'effet; je veux parler de la tentation qui pourra venir à plusieurs gouvernements de démonétiser l'or, et

de se réduire à la monnaie d'argent. S'ils voient
la production de l'or rester au point élevé où elle
a été récemment portée, et même le dépasser,
cette tentation sera fort légitime, car du moment que l'or parait être en voie de baisse, il
perd par cela même la qualité qui le recom-
mandait pour la destination monétaire, la fixité
de valeur. Il ne faudrait donc pas être surpris si
quelques-uns des gouvernements, même les plus
éclairés de l'Europe et de l'Amérique, prenaient
d'ici à peu d'années la résolution de démonétiser
l'or. Déjà depuis 1848 on a vu deux gouvernements au moins adopter des mesures qui tendent
à diminuer chez eux la circulation des pièces d'or,
ceux de l'Espagne et de la Belgique ; et un
troisième, celui de la Hollande, a complétement
démonétisé ce métal. Il est assez probable que
ces gouvernements trouveront des imitateurs. La
monnaie d'or qui existe aujourd'hui dans leurs ter-
ritoires ou tout au moins une partie notable de
cette monnaie, serait autant d'ajouté à l'extraction
des mines pour peser sur le marché.

V. *Comment la France peut retarder à ses dépens la baisse de l'or.*

Une des circonstances qui pourraient contribuer
le plus à retarder la baisse de l'or, sur le marché
général, dans le cas, que je discute ici, où la forte
production qui se présente maintenant continuerait, serait sans contredit le maintien du système
monétaire actuel de la France. En vertu de la loi
du 7 germinal an XI, on frappe en France des pièces d'or qui portent le nom de pièces de 20 fr.,

sur lesquelles même les mots de 20 fr. sont empreints, après que la loi fondamentale de notre système monétaire a eu défini le franc 4 grammes 1/2 d'argent (allié de 1/2 gramme de cuivre); en d'autres termes, la quantité d'or contenue dans une pièce de 20 fr., c'est-à-dire 5 grammes 806, est absolument assimilée à 90 grammes d'argent. Le rapport entre ces deux quantités, qui est celui de 1 à 15 1/2, existait en effet sur le marché français, entre les valeurs des deux métaux, en l'an XI; mais le rapport entre la valeur de l'or et celle de l'argent est essentiellement variable, la valeur de chacun de ces deux métaux étant réglée à peu près uniquement par des circonstances qui lui sont propres. Si pourtant aujourd'hui le législateur s'obstinait à maintenir en France notre système monétaire, tel qu'il résulte de la loi de l'an XI greffée sur celle de l'an III, il est facile de voir quelle en serait la conséquence : l'or des mines viendrait se faire frapper à nos hôtels des monnaies, et passer de là dans notre circulation, où, en vertu de la loi, chaque pièce d'or de 20 fr. serait admise sur le même pied que 20 pièces d'argent de 1 fr. ou 4 pièces de 5 fr. L'effet d'un pareil état de choses serait de remplacer notre monnaie d'argent par de la monnaie d'or, et nos pièces d'argent seraient emportées par les habiles spéculateurs qui auraient introduit l'autre métal. L'or trouvant ainsi à se placer sur le pied de 15 fois 1/2 l'argent, il est bien clair qu'il conserverait cette valeur relativement à l'autre métal, jusqu'à ce que vînt le moment critique où l'or aurait remplacé l'argent en France, dans toute l'étendue où la substitution est possible, c'est-à-dire jusqu'à ce qu'il ne restât plus de pièces d'argent que pour les appoints ou pour les transactions de moins de 20 fr. Une fois à ce point, la France ne serait plus d'aucun secours pour empêcher la baisse de l'or, mais jusque-là elle aurait servi de parachute à ce métal.

Mais on reconnaît aisément que la France aurait retardé jusque-là l'abaissement de la valeur de l'or à ses propres dépens, en échangeant la monnaie d'argent, marchandise que quant à présent on est suffisamment autorisé à considérer comme d'une valeur fixe, contre des pièces d'or, marchandise destinée, selon les probabilités, à baisser fortement. Elle aurait fait une opération de dupe ; il nous paraît convenable, nécessaire, qu'elle se prépare sans plus de retard à se soustraire à ce dommage probable. Nous indiquerons comment elle le pourrait en parlant de la MONNAIE.

VI. *Exemple des procédés par lesquels la baisse de l'or peut aujourd'hui s'accomplir.*

On peut demander par quelle voie s'accomplira la baisse des métaux précieux sous l'influence de mines nouvelles plus riches que les mines antérieurement exploitées. Nous pourrions nous borner à donner cette réponse générale, déjà indiquée ci-dessus, que toute marchandise qui se présente d'une manière un peu soutenue en quantité plus grande par rapport à la demande qui s'en fait, doit baisser par cela même, et que la baisse se maintient nécessairement si les frais de produc-

tion sont au-dessous de ce qu'ils étaient précé-
demment. Nous pouvons cependant entrer dans
quelques détails à ce sujet, ou du moins citer quelques exemples de la manière suivant laquelle la
production surabondante pèse sur la valeur relative des métaux précieux pour la faire descendre.
Lorsque les colons espagnols du Mexique et du
Pérou eurent retiré des mines une notable quantité d'or et d'argent, ils adressèrent à la métro-
pole des demandes considérables d'articles à leur
convenance, ce qui dut élever le prix de ces articles, et il n'y eut pas de raison ensuite pour que
ce prix cessât d'être élevé, si ce n'est très pas-
sagèrement par l'effet des variations accidentelles
qui avaient lieu sur les marchés coloniaux, car
la quantité de métaux précieux que les colons offraient en retour ne diminuait pas; au contraire,
elle allait en augmentant. Les personnes de la
Péninsule espagnole, dans les mains desquelles
l'argent et l'or étaient passés à des conditions fort
avantageuses, exerçaient à leur tour, par rapport
à l'ensemble des industries qui les entouraient
une influence du même genre. Par la demande
qu'elles faisaient d'articles de consommation, ou
de matières premières pour la fabrication, ou de
bras pour le travail, elles faisaient monter le prix
des objets de consommation des matières premières et des services personnels. Or dire que
le prix d'une chose monte, c'est exactement dire
que la valeur des métaux précieux qui constituent ce prix subit une baisse. Aujourd'hui pour
l'or qui vient de la Californie et de l'Australie,
le phénomène est encore plus aisé à saisir; il se

présente de la manière suivante : l'Angleterre reçoit, c'est incontestable, par les paquebots qui y convergent, une partie notable de cet or qui va s'entasser en grande partie, ceci est un fait, dans les caves de la Banque d'Angleterre. C'est ainsi que l'encaisse métallique de cette institution qui était communément de 8 à 9 millions sterling, excède maintenant 21 millions. Pour tirer parti de ce trésor, la Banque a abaissé successivement le taux de l'escompte ; elle l'a fait descendre successivement à 3, à 2 1/2, à 2, à 1 1/2. La réduction du taux de l'escompte encourage les entreprises industrielles et provoque surtout la spéculation ; celle-ci tend à faire monter le cours des marchandises; de là pour beaucoup de choses une hausse qui, avec le temps et de proche en proche, doit s'étendre à toutes ; or, encore une fois, la hausse générale des prix, dans un pays où la monnaie est d'or, qu'est-ce sinon la baisse de l'or par rapport à l'ensemble des produits?

L'objet des efforts de la Banque d'Angleterre en ce moment, et des détenteurs de métaux précieux à toute époque, est de faire passer dans la circulation l'or ou l'argent qu'ils ont entre leurs mains; mais la quantité de monnaie qui existe dans un pays a une limite naturelle tant que la valeur du métal ou des métaux qui composent cette monnaie reste fixe ; elle doit être en effet dans une certaine proportion par rapport à l'ensemble des transactions qui s'accomplissent ; par delà c'est du superflu, et le courant le rejette en le ramenant aux dépôts naturels qui de nos jours sont les banques publiques. Pour qu'alors les métaux précieux restent dans la circulation, il n'y a qu'un moyen : la baisse de la valeur des métaux précieux. De cette manière, en effet, le problème est bien résolu. Si la masse des transactions est de 20 milliards, et que le mécanisme monétaire ne comporte que le dixième de cette somme, la masse de métaux que vous consacrez à ce mécanisme ne pourra avoir, par rapport à l'ensemble des produits échangés, une valeur supérieure à celle qu'a aujourd'hui la masse de métal qui entre dans 2 milliards de francs. Vous avez beau augmenter cette masse de moitié, les porter de 2 milliards de francs à 3 milliards, c'est-à-dire, s'il s'agit de l'argent, de 9 millions de kilog. de métal à 13 1/2, les 13 millions 1/2 de kilog. ne formeront plus en marchandises de toute sorte que l'équivalent de la quantité qui s'échangeait antérieurement contre 9 millions de kilog. Si un beau matin, à Paris, chacune des ménagères qui se rend à la halle trouvait dans son panier 3 pièces de 5 fr. au lieu de 2 qu'elle y avait mises pour faire ses achats, qu'elle s'y présentât avec la volonté bien arrêtée d'acheter pour tout son argent, et qu'elle rencontrât sur le marché tout juste la quantité accoutumée de légumes et de viandes, elle n'en serait pas plus avancée, elle payerait toute chose la moitié en sus et reviendrait, après avoir déboursé tout son argent, juste avec la même quantité de vivres que si la multiplication des écus n'avait pas eu lieu. Cette supposition donne une idée passablement exacte de ce qui se passe quand des mines nouvelles de métaux précieux ont amené la multiplication du numéraire dans la société.

Il faut pourtant dire aussi que latéralement à ce phénomène, un autre se manifeste en conséquence de la découverte des mines nouvelles plus riches d'or ou d'argent. L'activité de l'Industrie et du commerce en est excitée, ainsi que nous le disions il y a un instant, à propos de l'exploitation des mines d'Amérique, après la découverte de ce continent, et des envois actuels d'or de la Californie et de l'Australie à la Banque d'Angleterre. Dans ces circonstances la somme de métaux précieux qui circule à l'état de pièces de monnaie tend à s'accroître, sans que la valeur des métaux précieux soit affectée de cette augmentation, suite de celle des affaires. Ce phénomène, qui semble croiser l'autre, est de nature à en retarder les effets, mais non à les détruire. Sous cette influence, la baisse des métaux précieux est ralentie, puisqu'il y a une demande supplémentaire qui balance dans une certaine mesure le supplément d'offre ; mais le résultat final, pourvu que l'exploitation des mines se soutienne, est le même. La valeur des métaux précieux par rapport aux autres marchandises finit par se régler sur les frais comparés de production.

VII. *Discussion des autres arguments à l'aide desquels on a soutenu que les nouvelles mines d'or n'entraîneraient pas la baisse de l'or par rapport à l'argent. — Si l'argent est menacé d'une baisse aussi prochaine que l'or.*

Les personnes qui soutiennent l'opinion d'après laquelle les mines récemment découvertes ne devraient exercer aucune influence marquée sur la valeur de l'or comparée à celle des autres produits, et particulièrement à celle de l'argent, disent que cette extraction extraordinaire doit être passagère comme un météore. Cette assertion est l'exagération téméraire d'un fait vrai, à savoir que les mines d'or les plus habituelles étant des mines d'alluvion, sont plus promptes à s'épuiser que les mines d'argent, de plomb ou de cuivre. Il est souvent arrivé que des mines d'or qui avaient fait concevoir de belles espérances n'eurent aucun effet marqué sur le commerce des métaux précieux. M. le colonel Acosta, dans son *Histoire de la découverte de la Nouvelle-Grenade*, en cite des exemples. Après avoir enrichi quelques exploitants, beaucoup de mines d'or se sont trouvées à bout sans avoir fait rien de plus, je veux dire sans avoir eu aucun effet général sur la société. Il faut l'attribuer à cette circonstance que les bancs d'alluvion les plus favorisés ne contiennent qu'une quantité de métal très bornée, et que leurs dimensions ne sont pas très grandes; ils confinent toujours à des portions de terrain stériles ou à peu près. Prenons dans une contrée aurifère une superficie d'un myriamètre carré de terrain; c'est environ la cinq millième partie de la France. Admettons que les bancs aurifères y aient 2 mètres de puissance, c'est ce qui constitue un bon gisement. Disons qu'il faudra 200 mètres cubes d'alluvion pour rendre 1 kilog. d'or; c'est une teneur satisfaisante. Mais les bancs exploitables disséminés ne seront que le dixième de la surface totale. Voilà déjà le myriamètre réduit à mille hectares utiles. Il faut un centième d'hectare, d'après les données que nous venons d'établir, pour rendre 1 kilog. d'or ; donc des mille hectares on ne pourra tirer que 100 mille kilog. de métal. C'est beaucoup pour la richesse de quelques individus ou même d'une province, c'est peu pour la richesse générale et par rapport à la masse du métal qui existe déjà. De la sorte, en six ans ou en cinq, si le pays est industrieux, le gisement qui aura excité l'attention du monde entier sera entièrement exploité sans avoir eu d'effet sensible sur la valeur du métal et sur la quantité en circulation. Au contraire, supposons des mines d'argent comme il y en a eu plusieurs en Amérique ; un filon qui se présentera avec ces caractères, je ne dis pas sur 1 myriam. carré de superficie, mais seulement sur 1 myriam de longueur, donnera lieu à une exploitation d'une abondance et d'une durée indéfinies.

De là il y a lieu de conclure assurément que, pour que des mines d'or d'alluvion exercent de l'influence sur le marché général, elles doivent satisfaire à la condition d'une grande superficie, et que bien souvent les mines d'or passeront comme des météores. Mais ce n'est pas ici le cas. La condition d'une grande superficie nous semble remplie par les gisements qu'on s'est mis à exploiter dans ces derniers temps. Il y a bien des myriamètres carrés de terrains aurifères dans la Californie. Il s'en trouve beaucoup aussi dans la province mexicaine de la Sonora, qui est attenante à la Californie, et qui n'a été qu'effleurée encore. Dans l'Australie, il n'est pas douteux que les gisements ne soient vastes, et on a lieu de présumer déjà qu'ils excèdent en étendue ceux de la Californie. Pour ce qui est de la Russie, le terrain aurifère y occupe une surface immense. Les bancs aurifères s'y trouvent épars en groupes multipliés sur une longueur égale à la moitié du cercle qu'on décrirait en faisant le tour de la planète même par cette latitude, car la distance ainsi occupée s'étend du Kamtchatka et des monts Oudskoï, dont le pied est baigné par l'océan Pacifique, jusqu'au méridien de Perm, c'est-à-dire à l'ouest de la chaîne des monts Ourals, et cette longue zone aurifère n'a pas moins de 900 kilom. de large. Selon l'expression de M. de Humboldt, la présence de l'or sur cette immense superficie est un des phénomènes les plus généraux qu'on puisse signaler sur le globe.

Enfin, indépendamment des gisements d'alluvion, il n'est pas interdit de croire que les mines d'or en roche, elles aussi, pourront d'ici à peu donner des produits importants. Partout, jusqu'à ce jour, l'industrie de l'homme s'était attachée presque uniquement aux mines d'alluvion qui offrent le résultat d'une trituration faite par la nature elle-même, dans des cataclysmes aqueux, des filons de roche dure au milieu desquels l'or était primitivement disséminé. Mais aujourd'hui que les arts mécaniques sont fort avancés et ont des moyens fort puissants, l'idée est venue d'attaquer les filons même en Californie, et d'en soumettre la masse à l'action de puissants bocards. De là des tentatives nombreuses opérées sur une grande échelle. M. Léon Faucher, qui s'est prononcé fortement contre l'opinion d'après laquelle l'or devrait baisser, a dit

que ces tentatives avaient avorté et devaient avor-
ter, et il a présenté à ce sujet des calculs qu'il re-
garde comme définitivement concluants. Sans af-
firmer que l'exploitation des mines d'or en roche
de la Californie réussira, j'estime pourtant que
l'assertion de M. Léon Faucher est prématurée.
Pourquoi désespérer sitôt du succès de cette entreprise mécanique? M. Léon Faucher est-il as-
suré d'avoir été bien informé? Il n'indique pas la
source à laquelle il a puisé, et par cela même
nous n'avons aucun moyen de discuter les indications sommaires qu'il présente dans son mémoire. Mais nous trouvons des informations sur la
question dont il s'agit dans un article de la *Re-
vue des Deux-Mondes* (numéro du 1er septembre
1852), dont l'auteur est un témoin oculaire qui
est revenu récemment de la Californie, qui y a
séjourné deux ans dans un poste où il avait le
moyen de savoir ce qui se passait aux mines, et
qui, ayant des connaissances mécaniques et métallurgiques, a le droit d'être écouté [1]. Cet observateur, au lieu de présenter l'exploitation des
mines en roche comme désespérée, s'exprime
comme s'il la croyait destinée à réussir. Nous ne
serons donc pas aventureux en nous bornant à
dire qu'il reste de ce côté une certaine chance de
plus pour une production d'or supplémentaire, et
pour que la grande extraction dont le monde est
témoin depuis 1848, au lieu d'un accident éphé-
mère, soit un phénomène de durée.

[1] M. Martial Chevalier, qui a été chancelier du con-
sulat français de San-Francisco.

Tout ce que nous avons dit de la baisse de l'or par rapport à l'argent suppose pourtant une chose, à savoir : que l'argent lui-même ne baissera pas, ou du moins n'éprouvera pas une baisse égale, ou ne l'éprouvera pas aussitôt. A ce sujet que penser ? L'argent n'est-il pas exposé lui aussi à subir une baisse considérable ?

Si l'on examine la question de la baisse possible de l'argent en faisant abstraction de la question du délai dans lequel elle se produirait, il est impossible de ne pas la résoudre par l'affirmative. Oui, tout porte à croire que quelque jour l'argent éprouvera une baisse considérable. A cette prévision l'on peut assigner deux motifs péremptoires : le premier, c'est que les gisements d'argent qui n'ont pas été touchés dans le Nouveau-Monde sont en nombre indéfini, et qu'il serait bien surprenant que dans la masse il n'y en eût pas plus d'un qui fût destiné à reproduire les merveilles du Potosi ou des filons de Guanaxuato. Le second, c'est que le mode d'exploitation suivi jusqu'à ce jour dans les principales mines d'argent de l'Amérique, celles du Mexique et du Pérou, laisse beaucoup à désirer, que sous plus d'un aspect il est barbare, et que les découvertes modernes de la métallurgie et de la mécanique, si elles étaient appliquées à ces mines, ne pourraient manquer d'occasionner une diminution sensible des frais de production.

Établissons solidement ces deux points, et d'abord la multiplicité extrême des mines.

A cet égard tous les témoignages concordent. M. de Humboldt s'en exprime dans les termes les plus affirmatifs. « En général, dit-il, l'abondance

de l'argent est telle dans la chaine des Andes,
qu'en réfléchissant sur le nombre des gites de minerais qui sont restés intacts, ou qui n'ont été
que superficiellement exploités, on serait tenté de
croire que les Européens ont à peine commencé à
jouir de cet inépuisable fonds de richesses que
renferme le Nouveau-Monde.....

« L'Europe serait inondée de métaux précieux
si l'on attaquait à la fois, avec tous les moyens
qu'offre le perfectionnement de l'art du mineur,
les gîtes de minerais de Bolanos, de Batopilas,
de Sombrerete, de Rosario, de Pachuca, de Moran,
de Zultepec, de Chihuahua et tant d'autres qui ont
joui d'une ancienne et juste célébrité [1]. »

Un voyageur qui postérieurement a fait un long
séjour au Mexique, et qui ne l'a quitté qu'il y a
une douzaine d'années, M. Duport, esprit éclairé,
observateur exercé et métallurgiste fort entendu,
confirme par le témoignage le plus explicite les
indications de M. de Humboldt : « Les schistes ar-
gileux, talqueux, chloritiques, la diorite, quelquefois des calcaires assez anciens, et plus rarement
encore les porphyres, sont, dit-il, sur bien des
points, traversés par des filons de quartz qui ren-
ferment souvent des sulfures métalliques ; quand
cette circonstance se présente, il est rare qu'on ne
trouve pas, dans le nombre, du sulfure d'argent.
Ces formations fort rares, du moins au jour, dans
les environs de Mexico, percent plus souvent les
masses trachytiques et porphyriques en avançant

[1] *La Nouvelle-Espagne*, tome III, pages 342-43, édition de 1824.

vers le nord ; presque partout où elles se montrent, il y a des exploitations plus ou moins importantes. Quand on traverse la chaîne principale vers le golfe de la Californie, ce ne sont plus alors des points isolés, c'est toute la pente occidentale de la Cordilière qui est composée de ces roches métalliques sillonnées des mêmes veines de quartz sur un espace immense. C'est assez dire que les gisements travaillés depuis trois siècles ne sont rien auprès de ceux qui restent à explorer.

« Après avoir visité seulement Tasco, Real del Monte et Guanaxuato, M. de Humboldt disait, il y a quarante ans, qu'il existait dans les mines de la Nouvelle-Espagne assez d'argent pour en *inonder* le monde ; que n'eût-il pas dit s'il avait poussé ses recherches plus au nord [1] ? »

Même sans parler des gisements inattaqués jusqu'à ce jour, on a de grandes ressources encore dans les gisements anciens, comme il résulte des observations suivantes de M. Duport : « Mais sans chercher de nouveaux districts, on peut, dans les anciens, suivre encore les travaux avec plus de chances de succès qu'on ne le croit généralement, et Zacatecas en est un exemple frappant. Ces mines, travaillées dès 1548, ont fourni sans cesse de l'argent, en plus ou moins grande quantité, suivant que le hasard a conduit plus ou moins heureusement les travaux des mineurs. La réputation de Zacatecas était compromise, quand un Français, le mineur de Laborde, vint

---

[1] *De la Production des métaux précieux au Mexique*, page 380.

découvrir le filon de *Veta-Grande*, dont la richesse, considérée comme épuisée vers la fin du siècle dernier, a encore fourni, de 1827 à 1839, près de 150 millions de francs. Un autre exemple plus récent encore est celui des concessions de *San-Clemente* et *San-Nicolas*, qui sont pour le moment les exploitations les plus fructueuses de Zacatecas, quoique, il y a dix ans, on ne soupçonnât pas l'existence de filons si riches dans un terrain contigu aux concessions de *Malanoche* et *Rondanera* qui ont enrichi plusieurs familles il y a moins de quarante ans. Enfin le Fresnillo, qui produit en ce moment une valeur de dix millions de francs par année, fut visité en 1827 par M. Ward ; et, dans son livre sur le Mexique, ce voyageur en parle comme d'un lieu abandonné, sur lequel on ne pouvait conserver que quelques souvenirs sans former aucune espérance [1]. »

Voilà donc pour l'abondance des gisements.

La diminution possible des frais d'extraction de l'argent avec un minerai donné n'est pas moins aisée à démontrer. L'industrie métallurgique du Mexique et du Pérou est grevée aujourd'hui de frais énormes pour le transport des ingrédients, tels que le sel, le *magistral* (pyrite de cuivre calcinée), ainsi que du combustible ou des vivres destinés aux mineurs ou même des fourrages pour les bêtes de somme, car il n'y a pas de routes dans ces pays, et tout s'y porte à dos de mulets. Ce n'est pas se bercer d'une espérance

---

[1] *De la Production des métaux précieux au Mexique*, page 378.

chimérique que d'admettre qu'un jour le Mexique et le Pérou auront des routes comme tous les pays civilisés. Les procédés mécaniques en usage dans les mines sont l'enfance de l'art. On peut croire que la mécanique moderne s'y implantera quelque jour avec toutes ses ressources; n'est-elle pas déjà en plein aux États-Unis? Le fer et l'acier, dont les mines consomment de notables quantités, sont fort chers sur les principales mines du Nouveau-Monde, tant par l'effet de la législation des douanes que par celui des moyens de transport. La poudre est mauvaise et d'un prix excessif. Les procédés métallurgiques sont au-dessus des procédés mécaniques. L'amalgamation à froid, qui est la méthode par laquelle s'extrait la majeure partie de l'argent, fut, même à l'époque où elle fut inventée, un trait de génie, et le modeste mineur Medina, à qui l'on en est redevable, aurait mérité que les Espagnols du Nouveau-Monde érigeassent des monuments à sa mémoire. Mais aujourd'hui on peut faire beaucoup mieux, et avec plusieurs des minerais du moins, retirer bien plus complétement le métal et perdre bien moins de mercure. Le champ est donc ouvert largement aux améliorations dans l'industrie argentière de l'Amérique. Des mécaniciens ou des métallurgistes de l'Europe, qui auraient leurs coudées franches, y obtiendraient de grands résultats dès à présent. Supposez, comme l'écrivait M. de Humboldt il y a cinquante ans, un *peuple industrieux* dans ces contrées, et vous verrez l'exploitation de l'argent y changer de face, et par conséquent se révéler les conditions qui en-

traînent comme conséquence nécessaire l'abaissement de la valeur.

Mais le *peuple industrieux* n'y est pas encore.
Non que je veuille contester l'aptitude des populations mexicaines. Je crois qu'il y a au Mexique
(je parle plus spécialement de ce pays, parce que
c'est celui où se présentent aujourd'hui les principales mines et où la production est incompa-
rablement la plus considérable), tout comme
dans toute l'Amérique espagnole, beaucoup d'hommes intelligents ; mais en somme c'est une civilisation languissante et en désarroi. Le Mexique
est la partie du Nouveau-Monde que les révolutions désolent le plus ; il n'en faut pas davantage pour que l'industrie y soit singulièrement
entravée. Et personne ne peut prédire avec quelque certitude quel jour ce pays, autrefois floris-
sant, aura retrouvé son assiette, ni même qu'il
la retrouvera jamais, à moins de subir une conquête par les Américains du Nord. Tant que la
situation politique du Mexique restera ce qu'elle
est, l'industrie des mines n'y marchera que len-
tement, et si elle accomplit des progrès, ne les
accomplira que de la façon la plus pénible.

Il pourra y avoir des perfectionnements locaux
et partiels ; il y en a eu déjà. La présence de nombreux ingénieurs anglais, allemands, français,
s'est fait heureusement sentir. M. Duport, dans
son excellent volume sur la *Production des métaux précieux au Mexique,* cite à cet égard des
faits intéressants, et nomme des personnes étrangères, et même mexicaines, auxquelles le pays a
de véritables obligations pour l'impulsion qu'elles

ont donnée. Mais c'est bien loin du mouvement d'ensemble qui régénérerait cette industrie et la mettrait à la hauteur de la science, mouvement qui serait infaillible si le pays était autrement gouverné.

M. Duport expose avec netteté et en détail les obstacles qui empêchent, dans l'état actuel des choses, l'industrie argentière du Mexique d'éprouver cette révolution salutaire qu'on s'était cru fondé à attendre après l'indépendance. Des créations utiles, telles que les routes, il n'en faut pas espérer, dans l'état où sont les finances publiques. Les préjugés, les mauvaises habitudes des populations, il faut, en l'absence d'une autorité respectée et puissante, renoncer à les surmonter. La protection que des inventeurs de procédés nouveaux demanderaient aux tribunaux, ils ne l'auraient pas. Ils n'obtiendraient pas davantage le concours des entrepreneurs d'extraction, M. Duport l'a établi en détail. Celui des capitalistes leur manquerait aussi, en ce sens que le taux de l'intérêt est aujourd'hui le triple ou le quadruple de ce qu'il était avant l'indépendance, et ne paraît pas devoir baisser.

Le feu sacré du progrès paraît donc ne devoir venir réchauffer et ranimer l'industrie argentière du Mexique que lorsque cette malheureuse contrée aura été absorbée par la république envahissante, qui déjà en a détaché le Texas, la Californie et le Nouveau-Mexique. Ce moment viendra ; il est possible même qu'il ne soit pas très éloigné. Une fatalité irrésistible semble pousser le Mexique vers cette destinée. Mais enfin la conquête du Mexique

par les Anglo-Américains et la soumission du pays
à ces nouveaux maîtres n'existe que dans la pers-
pective indéterminée de l'avenir. Au contraire,
la production extraordinaire de l'or, en Californie, en Australie et ailleurs, est un fait accompli, une révolution qui poursuit son cours. Voilà
pourquoi il est permis de dire que la baisse de
l'or est un fait imminent, tandis que celle de
l'argent est renvoyée à une époque qu'on ne saurait fixer avec quelque probabilité.

Au sujet de la baisse de l'argent, un point cependant semble acquis : le mercure est consommé
en grande quantité dans le procédé le plus usuel
en Amérique, celui de l'amalgamation à froid.
On estime qu'il s'en perd communément 1 kilog.
et demi par kilog. d'argent obtenu. Le mercure
était extrêmement enchéri, ces dernières années,
par l'effet du monopole : la cour d'Espagne avait
vendu à une société toute la production des mines d'Almaden, qui surpassent tous les autres
gisements de mercure connus. Sous cette influence, le prix du mercure a triplé au moins :
les 100 kilog. qui se vendaient, rendus à Mexico,
500 fr. sous la domination espagnole, y sont
montés à plus de 1,500 fr. Or il paraît constant
que la Californie présente des gites de mercure
très intéressants. De là une concurrence qui
peut ramener l'ancien prix, si elle n'est pas
amortie par une coalition. Ce serait une amélio-
ration dans les conditions de la production de
l'argent. Il ne faut pourtant pas s'en exagérer la
portée. Dans l'analyse à laquelle il s'est livré au
sujet de ce que coûte 1 kilog. d'argent livré au

commerce, M. Duport ne porte la dépense en
mercure qu'à 11 pour 100 de la totalité. En supposant donc que le mercure baissât des deux
tiers, ce serait une réduction de moins de 8 pour
100 dans le prix coûtant de l'argent ; et si l'on
admet que le consommateur doit en profiter en
totalité, ce qui vraisemblablement arriverait tôt
pour peu que la production de l'argent s'agrandît,
la baisse de ce métal, sous l'influence de cette
cause, se limiterait donc à 8 pour 100 ; ce n'est
rien de comparable à ce qu'on est autorisé à prévoir pour l'or.

VIII. *De la perte des métaux précieux par
l'enfouissement.*

Parmi les causes qui diminuent la quantité des
métaux précieux en la possession des hommes, il
en est une que M. Mac-Culloch a signalée (article
PRECIOUS METALS de son *Dictionnaire du commerce*) et à laquelle je crois, comme lui, qu'on n'a
pas attaché jusqu'ici l'importance qui lui appartient ;
c'est la déperdition par suite de l'enfouissement. On
enfouit des monnaies et des matières d'or et d'argent pour deux motifs : l'un permanent, qui est
la passion de thésauriser dans le sens strict du
mot ; l'autre accidentel, qui est le désir de sauver,
dans des temps de bouleversement, une portion
de sa fortune, en la mettant hors de la portée des
pillards. Les personnes animées du goût de la
thésaurisation ont été très nombreuses dans les
siècles passés, et ne laissent pas que d'être en certaine quantité encore, au moins chez quelques
peuples. L'interdiction que l'Église avait prononcée

contre l'intérêt de l'argent avait contribué à propager ce penchant. Il est naturel qu'une personne qui possède une certaine masse de monnaie la mette en lieu de sûreté en la cachant ; il ne l'est pas moins qu'elle ne dise à personne le secret de la cachette, et il a pu ainsi arriver fréquemment qu'en mourant les thésauriseurs emportassent ce secret dans la tombe. Il s'ensuit que lorsque la cachette est en quelque endroit écarté, dans une cave par exemple, ou dans les champs au pied d'un arbre, l'or et l'argent ainsi entassés peuvent être perdus non-seulement pour quelque temps, mais pour toujours. C'est seulement dans le cas où la cachette aurait été dans quelque meuble ou dans l'épaisseur d'une muraille qu'on la retrouve tôt ou tard, encore quelquefois la trouvaille est-elle indéfiniment retardée.

Les bouleversements des empires par l'effet des séditions ou des invasions ont provoqué l'enfouissement de l'or et de l'argent sur la plus grande échelle, et il est à présumer qu'il s'est perdu ainsi d'immenses quantités de métaux précieux. Lors de la conquête de l'empire romain par les barbares, dans le sac de Rome par exemple, chacun enterra ce qu'il avait de plus précieux pour le dérober aux hordes conduites par les Attila et les Genséric. Comme la surface entière des pays civilisés de l'Occident subit et resubit plusieurs fois la calamité de la conquête par les barbares, une richesse extrêmement grande a dû ainsi être mise en terre ; et comme souvent une bonne partie des personnes qui avaient ainsi caché de l'or et de l'argent, celles surtout qui en avaient enfoui le plus, furent mises à mort ou traînées en esclavage, le mystère de la cachette est resté enseveli dans l'oubli. On doit donc considérer la chute de l'empire romain comme ayant entraîné la disparition d'une énorme masse d'argent et d'or. Pendant le moyen âge, les déprédations continuelles des hommes de guerre, et les guerres incessantes dans lesquelles on se disputait les grandes et les petites fractions du territoire, durent occasionner des effets semblables. De nos jours, il n'est pas douteux que les révolutions n'aient entrainé des résultats analogues. La révolution française, par l'émigration, n'a pu manquer de faire enfouir beaucoup de richesses métalliques qu'ensuite il a été impossible de retrouver, souvent même à ceux qui les avaient cachées. J'ai eu occasion de constater que nos violentes agitations politiques, à force de se répéter, avaient fini par inspirer à beaucoup de personnes le goût de ce singulier procédé de garantir une portion de sa fortune.

IX. *S'il est vrai que l'or et l'argent soient l'unique richesse ou la richesse par excellence. — Un système commercial encore en honneur a été fondé sur cette erreur.*

Au sujet des métaux précieux il est un préjugé généralement répandu qu'il est utile de combattre, car il a exercé une grande influence sur l'administration des États et sur la législation commerciale, et il n'a pas perdu encore tout empire. Je veux parler de l'opinion d'après laquelle l'or et l'argent seraient considérés comme la richesse par excellence, et même comme la richesse

unique, si bien que pour enrichir un État le grand
point serait d'y faire arriver et stationner la plus
forte masse possible d'or ou d'argent; d'où l'on
tirait encore cette conséquence que le suprème de
l'habileté pour un gouvernement serait de souti-
rer aux autres États leur or ou leur argent en leur
vendant des marchandises sans leur en acheter,
de manière à s'assurer des retours en espèces ou
en lingots. Cette erreur s'est traduite aussi par
cette formule qu'un État qui achète des marchandises quelconques à un autre s'en rend par cela
même le tributaire.

Cette opinion fausse est née de ce que l'on
comprenait mal le rôle que les métaux précieux
remplissent. Ils sont la matière de la monnaie, et
en conséquence ils servent de dénominateurs
communs à toutes les valeurs. C'est contre des
francs, ou des livres sterling, ou des piastres que
toute marchandise se troque, ou plutôt semble se
troquer, car on verra à l'article Monnaie que le
plus souvent, dans le commerce en gros aujour-
d'hui, ce n'est qu'un semblant. On a cru dès lors
que ces disques d'or ou d'argent avaient par pri-
vilége exclusif la faculté de nous procurer la satisfaction de nos désirs, tandis que ce n'est qu'un
intermédiaire généralement adopté, un équivalent
auquel on rapporte la valeur des choses. Prendre
l'or et l'argent pour la richesse unique ou même
pour la richesse par excellence, c'est comme si l'on
prenait la charrette qui porte un trésor pour le trésor lui-même, ou selon la formule de M. J.-S. Mill,
c'est confondre le champ ou la maison que nous
habitons avec le chemin qui nous y mène. La ri-

chesse d'un État se compose de l'ensemble des objets en rapport avec leurs besoins que les hommes y possèdent, ou, pour se servir des termes plus généraux que Bastiat a mis en usage, de la somme des services de toute sorte que les hommes y sont en mesure d'obtenir de l'échange ou acte qui se résout en un achat et une vente. Des grains ou du vin, de la toile ou du drap, du cuivre, du plomb ou du fer, des outils et des machines, des maisons et des fonds de terre, tout cela est de la richesse au même titre que l'or et que l'argent. Il en est de même des talents naturels ou acquis du moment que les manifestations de ces talents s'achètent ou se vendent. L'or et l'argent sont au nombre des articles innombrables dont se compose la richesse d'un État, parce qu'ils répondent à des besoins de l'homme, besoins de luxe et de bien-être. Parmi ces articles ils occupent une place très apparente à cause de la fonction monétaire qui leur a été attribuée. Ils n'en sont pas moins de ceux de ces articles dont l'absence ne porterait pas un très grand préjudice à l'homme. L'esprit conçoit aisément la civilisation sans l'argent et sans l'or, il ne la conçoit pas sans le blé, sans le fer, encore moins sans l'eau, qui pourtant ne se vend qu'à un prix insignifiant.

La preuve sans réplique que l'or et l'argent ne sont pas toute la richesse ni même la richesse par excellence, malgré l'attribution monétaire dont ils sont investis, se trouve dans ce fait que les peuples connus pour être les plus riches ne sont pas ou n'ont pas toujours été, alors même qu'ils jouissaient de ce renom, les plus pourvus de métaux précieux, à cet état précisément de monnaie qui est la forme sous laquelle l'attribut de la richesse serait le plus manifeste. Ainsi l'Angleterre, plus riche que la France, a cependant moins d'espèces monnayées, de même jusqu'à ces derniers temps les États-Unis par rapport à l'Espagne. Nous aurons occasion de faire remarquer, à l'article Monnaie, que le propre d'un peuple civilisé qui est soucieux de bien aménager sa richesse est, au delà d'un certain point, de diminuer sa somme de monnaie plutôt que de l'augmenter, tant il est inexact de dire que la masse de monnaie donne la mesure de la richesse des États.

C'est pourtant une erreur à laquelle ont sacrifié dans le passé tous les gouvernements de la civilisation occidentale ou chrétienne, et à laquelle sacrifient quelques-uns encore avec une soumission parfaite. Les hommes d'État les plus éminents d'il y a quelques siècles s'épuisaient en efforts pour attirer l'or et l'argent, et pour les empêcher de sortir une fois entrés. Le grand Colbert lui-même suivait en cela le courant de l'opinion établie, parce que les meilleurs esprits subissent toujours plus ou moins cette influence souveraine. Son historien, M. Pierre Clément, cite de lui une lettre écrite à un des agents du gouvernement à Rouen, en 1670, à l'occasion d'une somme d'un million venue de Cadix au Havre sur deux bâtiments : « J'ai été un peu étonné de ne pas recevoir cet avis par vous, vu que vous savez qu'il n'y a rien qui puisse être plus agréable au roi que de semblables nouvelles; n'y manquez donc pas à l'avenir [1]... » Dans tous les États l'exportation de l'or et de l'argent était défendue sous les peines les plus sévères. En Espagne, et je crois en Angleterre, sous peine de mort; à plus forte raison, l'on a frappé de droits élevés et même de la prohibition absolue les marchandises étrangères, toujours dans le but de forcer l'importation des métaux précieux. Les peines prononcées contre la sortie des métaux précieux ont été, dans ces derniers temps, effacées de presque tous les codes ; mais les droits contre les marchandises étrangères sont restés ; ils ont même été beaucoup aggravés en comparaison de ce qu'ils étaient il y a trois ou quatre cents ans, ou seulement un siècle, jusqu'à ce que dans ces derniers temps quelques gouvernements, ouvrant enfin les yeux à la lumière, aient adopté un système de douanes plus libéral, plus conforme à l'intérêt public, mieux en harmonie avec l'esprit de la civilisation moderne, qui porte les peuples à se rapprocher, à mêler leurs intérêts, et à vivre dans un échange continuel non-seulement de sentiments et d'idées , mais aussi de productions industrielles.

De cette erreur naquit le système dit *mercantile* ou de la balance du commerce, dont le secret est de vendre sans rien acheter. Système chimérique, car on entend sans doute être payé quand on vend; or comment l'étranger peut-il nous payer si ce n'est avec ses produits? Et comment croit-on que, si le système restrictif est bon, les étrangers ne nous en feront pas

---

[1] *Histoire de Colbert*, par M. Pierre Clément, p. 290.

l'application comme nous la leur faisons à eux-mêmes? A ce compte, il n'y aurait plus de commerce possible qu'avec les régions où l'or et l'argent sont au nombre des produits de l'industrie indigène, en supposant que ces pays eux-mêmes consentissent à s'en dessaisir, ce qu'ils ne devraient pas faire si la théorie de la balance du commerce était fondée.

En dépit des efforts obstinés des gouvernements, le commerce parvenait cependant à faire passer les métaux précieux d'un pays à l'autre, et il fut fort heureux que cette politique commerciale qui se proposait d'accaparer l'or et l'argent fût déjouée, car s'il y avait eu quelque État où elle eût réussi, cet État eût été encombré de monnaie, et les métaux précieux y auraient été ou thésaurisés, c'est-à-dire qu'ils eussent été frappés de stérilité, ou ils y auraient été avilis par la même raison qu'ils se déprécient sous l'influence de mines nouvelles plus abondantes; car pour que toutes les espèces fussent restées à circuler, les transactions demeurant à peu près les mêmes, il aurait fallu que dans toutes les opérations commerciales où figurait auparavant un poids de 1 kilog. d'or fin (je suppose qu'il s'agisse de ce métal) sous le nom d'une somme de 3,444 fr., apparût un poids plus fort de 1 kilog. 1/2, par exemple, faisant 5,222 fr. Cette substitution de 5,222 fr. là où il suffisait de 3,444 fr. indiquerait que l'or aurait baissé de 5,222 fr. à 3,444 fr., et c'est le plus clair de ce qu'on aurait gagné à retenir le métal précieux. L'or et l'argent ne sont pas toute la richesse ni la principale richesse, et ce n'est pas en s'appliquant à les retenir dans un Etat qu'on peut enrichir celui-ci. Le problème de rendre une nation riche s'énonce en ces termes : Faire en sorte que chaque personne y produise pour ses semblables la plus grande quantité de services en rapport avec leurs besoins, et que chacun y ait aussi la plus grande facilité pour échanger ses services contre ceux du prochain ; et par ce mot le prochain il faut entendre l'homme qui habite par delà la frontière aussi bien que celui qui est en deçà. C'est de cette manière que les besoins obtiennent à chaque instant la plus grande satisfaction possible, et que les individus sont en possession d'une richesse toujours croissante.

II

MONNAIE.

1. *La monnaie est une mesure par équivalence. — Caractères qu'une substance doit présenter pour qu'on en fasse de la monnaie. — Forme qu'on donne à la monnaie. — Titre et poids. — Sens des mots* PRIX *et* NUMÉRAIRE.

LA MONNAIE. — A mesure que la société se perfectionne, la sociabilité humaine se développe sous toutes les formes, et elle se révèle particulièrement par les proportions dans lesquelles les hommes pratiquent de plus en plus l'échange. Chacun d'eux disperse moins ses efforts ; il se renferme dans une œuvre de plus en plus spéciale, l'accomplit de mieux en mieux, et, par l'échange, il en profite en même temps qu'il en fait profiter autrui. La monnaie est un instrument auquel les hommes ont eu recours pour faciliter les échanges. On peut la définir ainsi : *un instrument qui, dans les échanges, sert de mesure, et par lui-même est un équivalent.*

On conçoit que l'on rende les échanges beaucoup plus commodes si, entre toutes les marchandises, on en choisit une qui, en vertu d'une convention générale, soit universellement acceptée en retour de toute autre. La monnaie remplit ce rôle d'utile intermédiaire, c'est dire qu'elle est la commune mesure des valeurs et en même temps un équivalent universel.

Si l'on fait le tour de l'industrie humaine, on reconnaît que deux objets seulement entre tous sont propres à remplir cette fonction, à savoir l'or et l'argent. Et, en effet, voici les conditions auxquelles une substance doit satisfaire pour être propre à servir de monnaie. Il faut : 1° qu'elle soit par elle-même une marchandise, c'est-à-dire une chose utile, je veux dire en rapport avec quelques-uns de nos besoins, et, à ce titre, recherchée des hommes pour elle-même indépendamment de la faculté qu'on a de la monnayer ; 2° qu'elle soit inaltérable, afin qu'on puisse la conserver intacte sans des soins tout particuliers ; 3° qu'elle soit parfaitement homogène et égale à elle-même, afin que l'on puisse en constater parfaitement la nature au moyen de quelque opération simple ; 4° qu'elle soit indéfiniment divisible, de manière à représenter à peu près telle petite valeur qu'on voudra, avec cette clause cependant, que la division ne lui enlève rien de ses avantages, ce qui suppose que les parties détachées soient aisées à réunir ; 5° qu'elle recèle une assez forte valeur sous un petit poids et un petit volume, afin que chacun en transporte sans effort et sans gêne l'équivalent des objets qu'on a communément lieu d'acheter ; 6° il faut de plus que cette marchandise soit autant que possible à l'abri des changements de valeur, et surtout des variations brusques et fréquentes comme celles qu'on observe parmi les productions de l'agriculture par l'effet

des inégalités des récoltes, parmi celles des ma-
nufactures par l'effet des changements de procédés. A ces conditions essentielles doivent encore
s'unir celles-ci : la facilité de recevoir et de conserver une empreinte délicate ; et puis quelques
qualités distinctives, comme le son que rendent les
métaux précieux, ou leur pesanteur spécifique.

L'or et l'argent ont été choisis de toute anti-
quité pour faire de la monnaie, par tous les peuples indistinctement, et seuls sont restés en possession de ce rôle, parce que seuls ils remplissent
les conditions que nous venons d'énumérer. Certains objets qui satisfont à quelques - unes de ces
conditions sont absolument défectueux sous d'autres rapports. Le blé, par exemple, auquel on a
parlé quelquefois d'attribuer la fonction monétaire,
le blé est certainement très divisible, en ce qu'un
hectolitre peut se fractionner jusqu'au dernier grain
sans détérioration, et qu'avec des grains de blé on
recompose aisément un hectolitre, qui vaut tout
autant que si les grains n'avaient pas été séparés.
Mais le blé n'est pas homogène : car il y a une
grande distance entre la touselle de Provence et le
blé d'Odessa. Le blé est altérable : l'humidité le
pourrit, et la dent des animaux rongeurs le détruit.
Il serait d'un transport fort pénible à cause de sa
masse relativement considérable ; et enfin, d'une
année à l'autre, il éprouve quelquefois des variations très fortes. Le diamant renferme une très
grande valeur sous un volume et un poids presque
insignifiants ; mais le diamant est très loin d'être
homogène, en ce sens que la forme des pierres et
ce qu'on nomme l'*eau* en font varier la valeur

dans des proportions énormes ; ensuite le diamant ne peut se diviser sans éprouver une dépréciation presque infinie.

Au contraire l'or et l'argent satisfont au programme que nous avons esquissé d'une façon surprenante sur presque tous les points. D'abord ce sont bien des marchandises, puisqu'ils étaient recherchés des hommes pour leur éclat relativement indestructible, avant qu'on en fît de la monnaie. Ce sont des objets inaltérables, car l'action des éléments, et à plus forte raison celle des animaux, n'ont aucune prise sur eux. Ils sont absolument homogènes et semblables à eux-mêmes, car ce sont des corps simples : l'or de la Californie et de l'Australie est le même que celui du Brésil ou de la Transylvanie, et l'argent du Mexique ou du Pérou, quand il sort de l'affinage, ne peut se distinguer de celui de Freyberg ou de Poullaouen. La divisibilité de l'or et de l'argent est très grande; car on peut en monnayer des parcelles d'un gramme ou deux, et rien n'est facile comme de réunir en un lingot, à très peu de frais, les moindres fragments qu'on en a recueillis. L'or et l'argent recèlent une grande valeur relative sous un petit poids et un petit volume ; car il suffit, à Paris et à Londres, de 80 à 100 grammes d'argent pour former l'équivalent d'un hectolitre de blé, qui pèse 75 mille grammes, ou d'un hectolitre de vin, qui, indépendamment du fût où il est renfermé, en pèse 100 mille ; avec moins de 100 grammes d'or on a l'équivalent d'un bœuf, qui pèse sur pied 400 mille grammes au moins. Enfin, de toutes les marchandises, l'or et l'argent sont celles dont la valeur est communément la plus stable ou la moins instable : ils sont produits dans des circonstances qui habituellement ne changent pas d'une manière sensible d'une année à l'autre, et les quantités qui sont constamment à l'état d'offre ainsi que les quantités demandées sont tellement grandes, que le rapport entre la demande et l'offre n'est pas modifié d'une manière appréciable par les inégalités accidentelles qui peuvent survenir entre l'extraction d'une année et celle de la suivante; d'ailleurs, très facilement transportables, les deux métaux précieux quittent les points du globe où ils baissent pour se rendre à ceux où ils avaient enchéri, ce qui tend à en niveler sans cesse la valeur. Ils se distinguent aussi par la facilité avec laquelle ils reçoivent et gardent une empreinte délicate ; ils offrent enfin dans leur couleur particulière et dans leur sonorité des moyens de les distinguer qui suffisent à peu près dans la plupart des cas. Dans les cas douteux, on aurait l'essai chimique, opération prompte et sûre, pour prononcer en dernier ressort.

L'usage s'est établi depuis très longtemps de monnayer les deux métaux sous la forme de disques d'un poids et d'une dimension déterminés; les deux côtés du disque reçoivent les figures connues que la loi prescrit. La tranche elle-même présente une inscription ou une dentelure particulière. Pour augmenter la durée des pièces de monnaie, on a soin d'y mêler au métal précieux une certaine quantité d'alliage qui est ordinairement en cuivre ; de cette manière, en effet, l'or et l'argent sont très notablement durcis.

En France l'unité monétaire est le franc, qui consiste, d'après le système décimal, en un multiple simple de l'unité de poids, le gramme; c'est 5 grammes qu'il pèse, et là-dessus l'alliage, par une autre application du système décimal, a été fixé au dixième du poids total, de sorte que la définition positive du franc consiste à dire que c'est 4 grammes 1/2 d'argent fin. En Angleterre l'unité monétaire est la livre sterling, qui contient 7 gram. 318 millig. d'or fin; comme l'alliage est d'un douzième, le poids total de la pièce est de 7 grammes 981 millig. Le dollar des États-Unis en argent contient 24 grammes 48 millig. d'argent fin, tel qu'on le frappe aujourd'hui avec un dixième d'alliage, il a un poids total de 26 grammes 729 millig.; l'aigle d'or, du même pays, assimilé par la loi à 10 dollars, est une pièce renfermant 15 grammes 41 millig. de fin, et pesant 16 grammes 712 millig.; elle est de même avec un dixième d'alliage. Chez la plupart des peuples on retrouve pour l'unité monétaire le nom même de l'unité de poids, ce qui constate à quel point il est de l'essence de la monnaie d'être une marchandise. Le *sicle* dont Abraham paye quarante en argent est l'unité de poids du peuple juif. L'*as* romain en bronze est la livre romaine. L'*aureus*, qui fut la monnaie d'or de Jules César et des empereurs jusqu'à Constantin, s'il n'était pas la livre en était une fraction ronde, la quarantième partie. Chez les Grecs la drachme est à la fois le nom de l'unité pondérale et de l'unité monétaire. Dans l'empire Mogol la roupie, monnaie d'argent, porte le nom de *sirca*, qui est aussi celui de l'unité de poids.

Rien n'est plus commun que les noms de *livre*
et de *marc* pour l'unité monétaire.

La qualité de marchandise est tellement inhé-
rente à la monnaie, que, à l'origine, au lieu de
recevoir obligatoirement la forme de disque régu-
lier sous laquelle les métaux précieux circulèrent
plus tard et ont cours aujourd'hui, ils passaient
de main en main sous la forme de lingots, et les
particuliers qui les prenaient en payement ou qui
avaient à en payer une quantité convenue, les pesaient dans leur balance; c'est ce qui s'opère entre
Abraham et le vendeur qui lui a cédé un champ
pour la sépulture des siens. Les Chinois, qui ont
conservé jusqu'à ce jour beaucoup d'usages des
temps primitifs, font ainsi aujourd'hui encore :
leur argent *sycée* est du métal fin qui est en lingots et se livre au poids; si parmi eux les piastres
espagnoles ont cours, c'est après avoir été revêtues
d'estampilles indigènes qui en constatent le poids
et le titre; bientôt brisées par cette opération,
elles restent dans la circulation en fragments. Le
taël d'argent, dont quelques voyageurs parlent
comme d'une monnaie chinoise, n'est que l'indication d'un poids déterminé d'argent fin (38^{gr},59).

Le *prix* d'une marchandise quelconque est le
nombre d'unités monétaires, ou, ce qui revient au
même, le poids de métal monnayé contre lequel
cette marchandise s'échange. Le *titre* d'une monnaie est la proportion de métal fin qui y existe.
La monnaie française est au titre de neuf dixièmes, c'est-à-dire qu'elle contient neuf dixièmes
d'argent ou d'or fin et un dixième de cuivre. La
monnaie anglaise (je ne parle que des pièces d'or ;

seules, on le verra, elles sont de la monnaie dans le Royaume-Uni) est au titre de onze douzièmes, qui d'après les expériences de Cavendish et de Hatchett est plus favorable à la conservation des pièces d'or, surtout quand il y a de l'argent en place d'une partie de cuivre. Le titre qui a été adopté pour les monnaies françaises l'a été par égard pour le système décimal. Le titre des monnaies américaines fut ramené en 1837 à celui des monnaies françaises.

On nomme le *frai* la diminution de poids qu'éprouvent les pièces de monnaie par la circulation.

Le mot d'*espèces* ou d'*espèces métalliques* est synonyme de celui de monnaie.

Le terme de *numéraire* s'applique à la monnaie, mais il est d'usage de l'appliquer aussi aux billets de banque qui, comme on le sait, sont des titres remboursables en espèces à présentation, dans les bureaux de la Banque qui les a émis. Dans les pays qui ont du *papier-monnaie* (ce qu'il ne faut pas confondre avec les billets de banque), le mot de numéraire s'applique aussi à cet instrument.

II. *Si la monnaie est, comme on le dit communément, un signe représentatif. — Fausse monnaie.*

La monnaie ne vaut que par la quantité de fin qu'elle contient; c'est un point sur lequel il n'y a plus de contestation, ni sur le terrain de la science, ni dans la pratique des gouvernements civilisés; mais autrefois, et particulièrement à l'époque du moyen âge, des gouvernements ignorants et cupides ont essayé d'établir une doctrine d'après laquelle la monnaie aurait valu par la figure qu'elle portait ou par la volonté du prince qui la faisait fabriquer. De là des falsifications multipliées qui consistaient à remplacer le métal précieux par de l'alliage; c'est ainsi que successivement ce qu'on appelait primitivement une *livre* ou un *marc* parce que, conformément à la nature des choses, cela offrait effectivement ce poids, a été réduit à la petite quantité de métal qui porte aujourd'hui ce nom; de cette manière, en France, sous l'ancien régime, la quantité de monnaie appelée livre était tombée en 1789 à n'être plus que la quatre-vingt-septième partie de ce qu'elle avait été sous Charlemagne. La falsification des monnaies a continué jusques et y compris la première partie du règne de Louis XV. Cette détestable pratique a été usitée chez tous les peuples de l'Europe sans exception. En Angleterre, toutefois, elle l'a été beaucoup moins qu'ailleurs; on estime que la livre d'argent n'y était tombée qu'au tiers de sa valeur primitive, et à partir d'Élisabeth, on s'est abstenu de toucher aux monnaies anglaises. C'était en vertu d'un prétendu droit de *seigneuriage* que les souverains de tous les pays de l'Europe altéraient ainsi la monnaie; dans la langue monétaire, le seigneuriage était distinct d'un autre droit, celui de *brassage,* qui était destiné uniquement à couvrir les frais de fabrication.

De ce qui précède il suit que la locution généralement usitée, d'après laquelle la monnaie serait un *signe représentatif*, recèle une erreur qui n'est pas seulement grossière, qui aussi est extrêmement dangereuse, comme il va être dit. L'or et l'argent monnayés, au lieu d'être purement et simplement des signes représentatifs de la valeur des marchandises, sont des marchandises eux-mêmes, et ne figurent dans les échanges qu'à titre de marchandises et dans la proportion de leur valeur. La somme d'or ou d'argent qu'on paye un objet en est l'équivalent parfait au moment de la transaction. La doctrine en vertu de laquelle les princes du moyen âge ont tant falsifié les monnaies était précisément celle-ci, que la monnaie soit un signe. Du moment que c'est un signe, en effet, qu'importe qu'il y ait plus ou moins de métal fin, et pourquoi ne pas réduire la proportion de celui-ci? pourquoi s'arrêter en si beau chemin, et ne pas remplacer entièrement les métaux précieux par des métaux vulgaires comme le cuivre ou le plomb, ainsi que l'ont essayé quelques souverains, en Russie et en Espagne notamment? pourquoi même ne pas aller jusqu'au bout, et ne pas faire de la monnaie avec des chiffons de papier, sur lesquels on aurait écrit un nombre de francs quelconque? et en effet, on est allé jusque-là. C'est ainsi que la France a eu le papier-monnaie de Law et les assignats, qu'aux États-Unis on s'est permis, à l'époque de la guerre de l'indépendance, la monnaie continentale (*continental money*); qu'en Angleterre, de 1797 à 1821, le billet de banque irremboursable avait cours forcé; que la Russie a eu ses roubles en papier, dépréciés des trois quarts; que les provinces de la Plata et du Brésil, et bien d'autres

États, ont été ou même sont encore, pour leur malheur, à un régime semblable. Ces expédients n'avaient été que la continuation ou la répétition plus ou moins empirée des manœuvres par lesquelles Philippe le Bel a mérité que le Dante le plaçât dans son enfer avec l'épithète flétrissante de faux monnayeur. A plus forte raison, le gouvernement turc a admis et pratiqué l'hypothèse que la monnaie est un signe. Il a diminué successivement la quantité d'argent contenue dans la piastre; on sait que celle-ci était au point de départ la piastre espagnole contenant 5 fr. 40 c. d'argent en définissant le franc 4 gram. 1/2 d'argent fin. Dans le dix-neuvième siècle, elle a été réduite à n'en contenir que pour 10 cent.; mais le gouvernement ottoman lui-même a de nos jours abjuré la théorie de la monnaie-signe, et il s'est mis à frapper des pièces loyales.

Il n'est pas hors de propos de rappeler qu'Aristote, dont l'autorité cependant jouissait d'une si grande faveur dans le moyen âge, avait condamné la théorie d'après laquelle la monnaie serait un signe, en adoptant celle qui fait de la monnaie une marchandise. Voici en effet comment il expose l'origine de la monnaie : « On convint de donner et de recevoir dans les échanges une matière qui, *utile par elle-même*, fût aisément maniable dans les usages habituels de la vie. Ce fut du fer, par exemple, de l'argent, ou telle autre substance dont on détermina d'abord la dimension et le poids, et qu'enfin, pour se délivrer des embarras de continuels mesurages, on marqua d'une empreinte particulière, *signe de sa va-*

leur [1]. » Ainsi, selon l'opinion parfaitement juste d'Aristote, à laquelle aujourd'hui il n'y a pas un mot à changer, la monnaie est une chose utile par elle-même, et non un signe ; et il n'y a de signe dans la monnaie que l'empreinte qu'elle porte.

III. *Monnayage ancien en fer, en cuivre. — Monnaie russe de platine.— La pièce actuelle de cuivre n'est pas de la monnaie mais du billon.*

L'or et l'argent ne sont pas les seuls métaux qu'on ait monnayés. Dans les temps primitifs, ou lorsque la civilisation était peu avancée, on a monnayé le fer chez les Spartiates, le cuivre chez les Romains. C'étaient des monnaies d'un poids très incommode ; elles étaient loin de satisfaire à la condition indiquée plus haut, qu'on puisse en porter facilement ce qu'il faut pour les menues transactions de la vie. De nos jours, des monnaies pareilles auraient un autre inconvénient intolérable, car le fer et le cuivre sont des marchandises dont la valeur est sujette à de fortes et brusques variations ; si donc le cuivre pur ou à l'état de bronze, c'est-à-dire combiné avec un peu d'étain, est demeuré dans la circulation avec les pièces d'argent et d'or ; ce n'est plus à titre de monnaie, c'est à titre de *billon*, ce qui est bien différent. Le billon, en effet, est un *signe représentatif*, en ce sens qu'il passe dans les échanges pour une

---

[1] ARISTOTE, *Politique*, livre I, chap. III ; traduction de M. Barthélemy Saint-Hilaire, t. 1, p. 53.

valeur bien supérieure à celle du métal qu'il renferme.

On a monnayé aussi des pièces faites d'un alliage d'argent et de cuivre, qui étaient de la vraie monnaie, en ce qu'elles renfermaient, au moins à très peu près, la valeur qui leur était attribuée ; telles les pièces de six liards de l'ancien régime, et les pièces à l'N qui furent émises sous l'empire. On a dû y renoncer à cause de la contrefaçon facile à laquelle elles donnaient lieu.

La Russie a monnayé un autre métal, qui, par l'élévation de sa valeur, mériterait d'être qualifié de métal précieux : c'est le platine dont cet empire offre des mines. Commencée en 1828, la fabrication des espèces en platine a continué jusqu'en 1845, époque à laquelle le décret impérial du 22 juin démonétisa ce métal. Le rouble de 4 fr. pesait 3 grammes 45 ; c'était fixer la valeur du platine à cinq fois et un cinquième celle de l'argent. Le monnayage n'avait porté pendant les huit premières années que sur 7,003 kilog., c'est-à-dire à peu près sur la moitié du métal extrait des mines. Si cette proportion s'est maintenue jusqu'au bout, le monnayage a dû être de 15,000 à 16,000 kilog., c'est-à-dire fort limité. Le gouvernement russe a sagement agi de couper court à cet essai. Le platine manque d'une des qualités qui ont fait conférer à l'or et à l'argent la fonction monétaire. Avec l'or et l'argent, la pièce de monnaie est un lingot que, presque sans effort et sans frais, on convertit en une matière première propre à faire tout autre objet du même métal ; il n'y a, pour cela, qu'à la placer dans un creuset et à la fondre, ce qui, en grand, coûte fort peu. Avec le platine, pour faire passer le métal d'une forme à une autre, il faut y donner une façon dispendieuse, le convertir par une opération difficile en platine spongieux, qui lui-même se travaille péniblement.

IV. *La monnaie d'un État peut-elle réunir les deux métaux précieux? — Lequel des deux doit être préféré pour servir de base au système monétaire?*

Une fois convenu que l'or et l'argent seront la matière de la monnaie, doit-on employer les deux métaux simultanément ou se borner à un seul? Sur cette question, les théoriciens consultés donnent à peu près uniformément une réponse négative. C'est l'opinion à peu près de tous les auteurs qui ont écrit d'une manière pertinente sur la monnaie. Dès le dix septième siècle un homme d'État distingué de l'Angleterre, sir William Petty, s'en expliquait de la manière la plus formelle : « La monnaie, disait-il, est la nature uniforme de la valeur des choses. Le rapport de la valeur de l'or à la valeur de l'argent se modifie selon que les entrailles de la terre offrent à l'industrie humaine plus de l'un ou plus de l'autre; par conséquent on n'en peut prendre qu'un pour faire la monnaie. » (*Political anatomy of Ireland*, chap. 10.) Locke était plus explicite encore : « Deux métaux, tels que l'or et l'argent, dit-il, ne peuvent servir au même moment, dans le même pays, de mesure dans les échanges, parce qu'il faut que cette mesure soit perpétuellement la même et reste dans la même proportion de valeur ; prendre pour mesure de la valeur commerciale des choses des matières qui n'ont pas entre elles de rapport fixe et invariable, c'est comme si l'on choisissait pour mesure de la longueur un objet qui fût sujet à s'allonger ou à se rétrécir. Il faut donc qu'il n'y ait dans chaque pays qu'un seul métal qui soit la monnaie de compte, le gage des conventions et la mesure des valeurs[1]. »

Nous pourrions suivre la même idée jusque dans les écrits des économistes modernes, et notamment dans ceux de M. Senior, qui a traité avec une sagacité rare la question de la monnaie sous divers aspects.

Dans la pratique, cependant, on rencontre à peu près partout les deux métaux à la fois. En cette circonstance, les théoriciens ont raison, et les praticiens aussi, et il faut chercher à les mettre d'accord. Il n'est pas raisonnablement possible d'avoir deux unités monétaires distinctes : l'une en or, l'autre en argent. Une fois que j'ai dit : le franc est d'une manière absolue 4 grammes et demi d'argent fin ; je ne puis pas dire : le franc est aussi 29 centigrammes d'or ; car ce serait poser une équation absolue de valeurs entre deux quantités fixes de deux objets différents, l'or et l'argent, dont chacun a sa valeur déterminée par des circonstances qui lui sont propres. D'un autre côté, dans la pratique, on est fondé à vou-

---

[1] *Further considerations concerning raising the value of money*, vol. II, p. 75 et 76. Réimpression de 1759.

loir qu'il existe des pièces d'or pour ceux qui veulent porter une certaine somme sans se surcharger, et des pièces d'argent pour les transactions de peu d'importance, par rapport auxquelles la monnaie d'or ne pourrait servir, car il n'est guère possible de faire des pièces d'or de moins de 5 fr.; et c'est déjà bien menu. En Espagne, on a fini par renoncer à avoir des pièces d'or d'une piastre, c'est-à-dire d'à peu près 5 fr., parce qu'elles glissaient entre les doigts.

Le système qui répondrait le mieux à toutes les exigences de la logique et à toutes les convenances de la pratique serait celui où la loi ne reconnaîtrait d'unité monétaire qu'en un seul métal, mais où cependant les deux métaux seraient monnayés, sous la réserve que celui auquel n'appartiendrait pas l'unité monétaire servirait à fabriquer des pièces dont la valeur, relativement à cette unité, pourrait varier suivant la variation des deux métaux, l'un par rapport à l'autre. La condition d'une valeur variable semble incompatible avec l'essence de la monnaie, mais elle est imposée par la nature des choses, du moment qu'on veut avoir les deux métaux à la fois. Il s'en suivrait, il faut le remarquer, qu'un des deux métaux ne figurerait dans la monnaie qu'au second rang; mais il n'y aurait pas moins une place suffisamment grande pour satisfaire le besoin public. L'inconvénient de la variation de valeur serait beaucoup moindre, en général, qu'au premier abord il ne semble devoir l'être; parce que, en général, les variations des deux métaux précieux, l'un par rapport à l'autre, sont très bornées dans le laps de temps qu'embrassent la plupart des transactions.

C'est le système que recommanda Mirabeau dans le célèbre discours sur la monnaie, qu'il prononça en décembre 1790, et qui est un traité sur la matière.

Mirabeau critiquait l'emploi des deux monnaies sur le pied d'égalité quand il disait : « La monnaie est une mesure, et une mesure doit avoir les mêmes rapports dans toutes ses parties ; or il est impossible de trouver (constamment) dans le cuivre et dans l'or les mêmes rapports que dans l'argent. » Cependant lorsque Mirabeau, dans la suite de son discours, expose son plan, après s'être prononcé pour la monnaie d'argent, il ne supprime pas la monnaie d'or. L'expérience montre qu'il existe un ordre de transactions plus relevé que celles où suffit l'argent ; il entend que l'or sera là pour s'y appliquer. Il décore la monnaie d'argent d'un nom particulier, il l'appelle constitutionnelle ; mais à côté il place la monnaie d'or, en lui imposant la condition de varier qui vient d'être indiquée.

Reste à fixer un point délicat : comment et par qui, dans ce système, sera réglée à chaque instant la valeur respective des deux métaux, ou, pour dire la même chose autrement, la variation de celui des deux auquel n'appartiendra pas l'unité monétaire ? Sur ce point, il convient de consulter le génie des peuples divers, ce qui conduit à présenter deux solutions conformes au double esprit qu'on retrouve dans les lois des nations, selon la diversité de leur caractère, et

motivées l'une et l'autre par des précédents. Il est
des peuples qui sont accoutumés à faire leurs
affaires eux-mêmes, chez lesquels les particuliers
réglementent tout seuls, sans l'intervention de
l'autorité, une multitude d'affaires; il en est
d'autres chez lesquels, au contraire, les mêmes
affaires ne se font pas tant que l'autorité n'y met
pas la main, et où le règlement n'est accepté
que quand il émane d'elle, quand il est imposé
par elle. Il y a, en un mot, les nations qui ont
l'aptitude de ce que les Anglais et les Américains
nomment le *self government*, et celles qui en
sont relativement dépourvues, et chez lesquelles
l'adhésion des individus à un règlement est subordonnée à l'intervention de l'autorité. Chez les
premières on pourra, sans inconvénient, laisser au
public le soin de déterminer le cours respec-
tif des pièces d'or et des pièces d'argent; chez
les secondes, il sera indispensable que ce soit un
règlement d'administration publique qui détermine ce cours d'année en année, par exemple, ou
pour des périodes plus allongées ou plus brèves,
selon les circonstances et d'après des bases stipu-
lées d'avance par la loi.

Il y a, disions-nous, des précédents de l'une
et l'autre manière de procéder. La plus remarquable qu'on puisse invoquer pour ce qui concerne les
peuples dont le génie cadre avec le *self government*, est celui qui est fourni par la Compagnie
anglaise des Indes : elle frappe en argent des
pièces appelées *roupies de la Compagnie*, pour
les distinguer des *roupies sicca*, et en même
temps elle frappe des pièces d'or qui sont exacte-

ment du même poids que ses roupies (180 grains, poids de Troie, ou 11 grammes 662 millig.), et du même titre (11 douzièmes), portant le nom Mogol de *mohur*. L'autre système est mis en pratique en Russie, depuis le décret du 13 juillet 1839, en vertu duquel la pièce d'or l'*impériale* circule avec une prime de 3 p. 100 par de là la valeur nominale, qui est de 5 roubles d'argent, et pourra circuler demain, si l'autorité y est provoquée par le cours des lingots, avec la prime de 6 ou de 10, ou au contraire avec un escompte. Ce système, tel qu'il est pratiqué en Russie, n'a qu'un inconvénient, celui d'offrir des pièces d'or dont le poids est absolument arbitraire, je veux dire n'a aucun rapport simple avec l'unité de poids. A cet inconvénient s'en joint cependant un autre, qui est très remédiable pour les pièces qu'on frapperait à l'avenir, celui d'offrir gravée sur les pièces une valeur en roubles, qui n'est pas celle pour laquelle elles sont admises. Les pièces d'or frappées conformément à ce système, dans un pays où l'unité monétaire est en argent, ne devraient porter l'indication d'aucune valeur; la seule inscription positive qu'on pourrait y graver serait celle du poids, qu'on pourrait accompagner du titre.

En France, des deux systèmes, celui qui aurait le plus de chance de succès, qui seul en aurait, est celui que nous voyons en vigueur en Russie, modifié comme il vient d'être dit quant au poids des pièces et à l'inscription. Le système opposé, celui qui consiste à frapper des pièces d'or dont le cours serait déterminé par le libre arbitre du public, y a été essayé, et n'y a point réussi. Conformément aux idées qu'avait développées Mirabeau, la loi du 28 thermidor an III avait statué qu'il serait frappé des pièces d'or de 10 grammes au titre de $\frac{9}{10}$, sans détermination légale de valeur par rapport à l'argent, c'est-à-dire sans que le législateur ou l'administration eussent rien à dire quant au nombre de francs et de centimes pour lequel la pièce passerait. Personne ne voulut faire frapper des pièces de ce genre, et la France resta sans monnaie d'or, autre que les anciens louis, jusqu'à ce que la loi de l'an XI, se basant sur ce que, à ce moment, l'or en lingots s'échangeait dans le commerce contre l'argent sur le pied de 1 kilog. contre 15 1/2, institua les pièces d'or de 20 fr. et de 40 fr., dont la fabrication suppose le rapport absolu et invariable de 1 à 15 1/2 entre l'or et l'argent, et dont le poids, réglé par cette hypothèse, n'a aucun rapport simple avec l'unité de poids. Sous ce régime, les pièces d'or avaient été, après quelque temps, presque toutes retirées du courant de la circulation, parce que le rapport de 1 à 15 1/2 n'avait pas continué d'exister, et que le cours des lingots sur le marché accusait le rapport de 1 à 15 3/4. Ceux qui voulaient des pièces d'or étaient forcés de s'en procurer chez les changeurs en payant une prime. Désormais la probabilité est que, à quelque moment prochain, on soit au contraire inondé de pièces d'or, et que l'argent gagne une prime. C'est ce que nous avons exposé à l'article Métaux précieux.

En France donc on se placerait dans une condition normale où aucun des métaux ne pourrait dominer l'autre, et où chacun garderait sa pleine valeur, ni plus ni moins, en combinant la loi de l'an III et celle de l'an XI. Dès lors les pièces d'or cesseraient de porter un nombre quelconque de francs; elles seraient de 5 ou de 10 grammes, et la valeur des pièces d'or en francs serait réglée tous les ans, ou à des intervalles différents, conformément à un règlement d'administration publique, d'après le cours des lingots sur les principaux marchés, tels que ceux de Paris, de Londres, de Hambourg et d'Amsterdam.

De cette manière l'or serait subordonné à l'argent dans la monnaie française. Mais c'est déjà une disposition inscrite dans nos lois, puisque, d'après ces lois, l'unité monétaire est en argent. Quand même il n'en serait pas ainsi, en ce moment où la découverte de mines d'or extraordinaires en Californie et en Australie fait présager la baisse de l'or, la prudence commanderait de se rallier à ce système.

Toutefois, faisons pour un instant abstraction de ces découvertes, afin de raisonner sur la matière d'une façon plus générale, et examinons une question qui est la suite de la précédente. Soit qu'on se réduise à monnayer un seul des deux métaux précieux, soit qu'on les monnaie l'un et l'autre, comme dans cette dernière hypothèse il faut, d'après ce qui précède, que l'un des deux soit le métal monétaire principal, il y a lieu, dans tous les cas, de discuter la question de préférence entre l'or et l'argent. Quel est celui qui, généralement parlant, réunit le mieux les conditions voulues? L'or a pour lui un grand avantage : il en faut un petit poids pour former

une valeur assez forte. En pièces d'or, il est facile
d'avoir dans sa poche deux ou trois cents francs,
sans en être chargé. Le plus important, cependant, est la fixité de la valeur. Or, quel est des
deux métaux celui qui, à cet égard, l'emporte?
Celui-là, quel qu'il soit, doit être le métal monétaire par excellence. M. Senior, qui a traité
avec une supériorité à laquelle nous avons déjà
rendu hommage, plusieurs des questions relatives
à la monnaie dans différents écrits courts, mais
pleins de substance (*Three Lectures on the value
of Money* ; *Three Lectures on the cost of obtaining Money*), a présenté à ce sujet différents
aperçus. D'un côté on peut croire que les fluctuations passagères qu'occasionnent les incidents
de la politique ou les dérangements du commerce
affectent l'or plus que l'argent. Alors, en effet,
l'or, le plus mobile, ou, pour mieux dire, le plus
aisé à transporter des deux, répond plus vite à
l'appel qui en est fait sur un autre point. Une
guerre qui exige de la monnaie dans les caisses
militaires, une crise commerciale comme on en a
vu en Angleterre, qui subitement attirera dans le
pays l'or du continent, semblent devoir aussitôt
enchérir ce métal dans les pays d'où on le prendra. Pareillement il y a une forte demande d'or
quand une révolution répand l'effroi parmi les
riches, et détermine beaucoup de personnes à se
pourvoir d'espèces monnayées en aussi grande
quantité que possible sous un petit volume, ou à
enfouir des sommes fortes dans de petites cachettes. Par suite alors l'or monte beaucoup.
Mais aussi, grâce à la mobilité de l'or, ces effets sont

momentanés, car le niveau est aisé à rétablir
entre les différents pays. Pour ce qui est des variations plus considérables et de plus de durée,
comme celles qui résultent des changements dans
le montant des frais de production et de la grandeur de la production même, le même auteur est
d'avis qu'elles atteignent l'or moins que l'argent.
En général, cette opinion est fondée. Si l'on embrasse une période non de quelques années, mais
de quelques siècles, il y a lieu de croire que les
causes dont nous parlons ici doivent affecter l'or
moins que l'autre métal : c'est la conséquence
des caractères propres aux mines d'or, en comparaison de celles d'argent. Les mines d'or principales si non à peu près les seules sont, jusqu'à
présent du moins, des gisements d'alluvion placés à peu près à la surface du sol, et où les conditions mécaniques de l'exploitation sont moins
différentes d'une année à l'autre que lorsqu'il s'a-
git de l'argent. Les mines d'argent sont des filons
enfoncés dans le sein de la terre ; le minerai y
est engagé dans des gangues fort diverses par leur
dureté : il y est réparti inégalement, et ce sont
des mines très diversement exposées à être noyées.
Pour la même mine, il peut y avoir, d'une année
à l'autre ou d'une période à la suivante, d'assez
fortes variations, à l'égard de plusieurs circonstances importantes et notamment de l'abondance du minerai dans la gangue. Voilà pour
l'exploitation de la mine proprement dite. Une
fois les matières retirées du sein de la terre, l'extraction de l'or des minerais qui le recèlent est
fort simple : l'or y est à l'état natif. La métallur-

gie ici se réduit à peu près à un lavage par lequel on sépare les parcelles d'or des sables et des graviers parmi lesquels elles sont disséminées. Au contraire, les opérations métallurgiques qu'exigent les minerais d'argent sont souvent très complexes, en raison des combinaisons compliquées dans lesquelles le métal est engagé ; en cela, les frais qu'entraîne l'opération sont grandement subordonnés aux progrès des arts et des sciences. En un mot, les frais de la production de l'or, une mine étant une fois donnée, varient assez médiocrement par suite du perfectionnement des connaissances humaines, et il n'y a pas une grande différence entre la manière dont on exploite une mine d'or aujourd'hui et la façon dont on s'y prenait il y a mille ou deux mille ans ; tandis qu'avec une mine d'argent, supposée toujours égale et semblable à elle-même, les procédés mécaniques et métallurgiques auraient subi depuis la même époque et auraient encore à subir les modifications les plus profondes, de manière à diminuer le labeur et les frais dans une forte proportion.

Exprimons la même chose en d'autres termes : les frais de production et l'échelle même de la production dépendent de beaucoup de circonstances, parmi lesquelles nous signalerons en première ligne : 1° le nombre et la richesse des gisements ; 2° la méthode d'exploitation, comprenant l'extraction du minerai du sein de la terre et le traitement du minerai une fois extrait. De ces deux éléments on ne voit pas de raison tirée de la nature des choses pour que, en général, le premier soit plus sujet à varier avec l'or qu'avec l'argent. C'est le contraire plutôt qui serait vrai. Mais le deuxième est en soi bien plus variable, dans les deux termes qui le composent, avec l'argent qu'avec l'or. Donc, en se plaçant à un point de vue général et abstrait, on doit dire que l'or est en somme moins sujet que l'argent à des variations durables. J'admets cette opinion générale de M. Senior; mais il n'en résulte pas qu'il ne puisse y avoir des époques où la découverte de gisements d'or considérables par leur étendue, et d'une richesse inusitée, doive donner pour ce métal des chances de baisse plus marquées. Nous nous trouvons précisément à une de ces époques.

V. *La monnaie considérée sous le rapport de la fabrication.*

La fabrication de la monnaie est un sujet fort important. Il est indispensable que les pièces soient droites, de poids et de titre. On est parvenu de nos jours à résoudre ce problème avec une grande perfection à fort peu de frais. Les directeurs des hôtels des monnaies sont soumis à des règles sévères. La tolérance légale de poids et de titre est extrêmement faible. En France, depuis le système décimal, la tolérance de poids est de 3 millièmes en dedans et d'autant en dehors pour les pièces d'argent les plus usuelles, celles de 5 fr. ; pour l'or elle est de 2 millièmes. En Angleterre, c'est de $\frac{1}{480}$ ou $2\frac{1}{12}$ millièmes. Mais tandis qu'en France la tolérance est rapportée à chaque pièce isolément, elle l'est en Angleterre à une livre pesant formée de pièces prises au hasard.

Aux États-Unis, la tolérance de poids est réglée par deux formules différentes : l'une pour chaque pièce isolément, l'autre pour le millier de pièces. D'après la loi du 3 mars 1849, *le double aigle* (pièce d'or de 20 dollars) n'a de tolérance qu'un demi-grain par pièce ou $\frac{1}{1052}$; ce n'est pas tout à fait un millième. C'est encore un demi-grain pour l'*aigle* et le *demi-aigle*, ce qui porte la tolérance à 2 et à 4 millièmes à peu près. Pour le dollar en or, très petite pièce, elle est d'un quart de grain ou $\frac{1}{1152}$. De plus, un millier de pièces est pesé en bloc, et dans ce pesage la tolérance n'est pour le *double aigle* que de 0,00104, pour l'*aigle* de 0,00019, pour le dollar de 0,0047.

Les trois systèmes que nous venons d'indiquer sont à peu près les seules combinaisons qui puissent être essayées pour astreindre la monnaie à être droite de poids.

Le titre des monnaies n'est pas l'objet de moins de sollicitude de la part des gouvernements modernes. En France, jusqu'en mai 1849, la tolérance de titre était de 3 millièmes au-dessus et en dessous pour l'argent, et de 2 pour l'or. Désormais elle n'est plus que de 2 pour l'argent aussi ; il s'agit des pièces isolées. Des recherches ingénieuses de M. Pelouze ont fait connaître la méthode à suivre pour que l'essai d'une pièce de monnaie indiquât bien exactement quel en est le titre. En Angleterre la tolérance du titre est rapportée à la livre pesant de pièces prises au hasard, et non à chaque pièce prise isolément. Depuis 1817, elle est pour l'or de 0,0026. Aux États-Unis, d'après la loi de 1837, elle est de 2 millièmes pour l'or et de 3 pour l'argent ; c'est ce qu'elle était alors en France. Mais d'après le texte de la loi, la tolérance de titre aux États-Unis est rapportée à chaque lingot avant le laminage. On a ainsi moins de certitude qu'en Angleterre à l'égard de chaque pièce isolée.

Ces prescriptions de la loi, relativement au poids et au titre, sont-elles bien observées ? C'est un point essentiel pour la bonne administration des États. De là des expériences soignées que les gouvernements français et anglais ont fait exécuter par des savants éminents ou des praticiens consommés.

Quant au poids, les recherches de MM. Dumas et de Colmont, faites sur 4,000 pièces de monnaies, en 1838, constatent qu'alors un quart de nos écus de 5 fr. étaient en dehors de la tolérance. Depuis cette époque on a changé les appareils de l'hôtel des monnaies de Paris, qui fabrique à lui seul plus que tous les autres ensemble, et il y a tout lieu de croire que l'imperfection révélée par MM. Dumas et de Colmont ne se répète plus. En Angleterre des expériences plus récentes ont montré que, sur cent souverains (pièces d'or de 1 livre sterling), cinq étaient en dehors de la tolérance légale par excès ou par défaut ; mais pour une masse de pièces l'écart est à peu près nul. Sur un bloc de 10 mille souverains, faisant un poids de 79 kilog. 809, il s'est trouvé de moins de 1^{gr}555 ; c'est moins de 2 millionièmes (enquête de 1848, page 75, témoignage de M. Miller). Un moyen efficace a été pris en Angleterre pour retirer de la circulation toute pièce de monnaie (c'est-à-dire d'or) qui ne serait pas ou cesserait manifestement d'être droite de poids. Une ingénieuse machine à peser, qui est très prompte, reçoit une à une toutes les pièces qui passent par la Banque d'Angleterre, et rejette toutes celles qui ne sont pas en deçà d'une certaine limite que nous ferons connaître un peu plus loin.

A l'égard du titre, les analyses multipliées qu'en 1838 MM. Dumas et de Colmont firent opérer sous leurs yeux sur des masses de pièces [1], ont prouvé que la monnaie française alors n'était pas tout à fait suffisamment correcte, mais qu'elle péchait beaucoup plus souvent par excès que par défaut, et que la moyenne générale du titre était juste [2].

Le décret du 22 mai 1849, qui a réduit la tolérance du titre, donne à penser que les incorrections extra-réglementaires qu'ils avaient signalées avaient alors cessé d'exister.

[1] En cette circonstance, on a cherché surtout le titre moyen des masses ; à cet effet on a pris dans la circulation de 200 à 800 pièces de 5 fr. pour chacune des années où la fabrication a été de quelque importance dans chacun des hôtels des monnaies. On a fondu ces pièces de 5 fr., et on en a fait l'essai sur des grenailles provenant des cuillerées de métal en fusion prises dans le creuset. On a opéré ainsi sur cent quarante fontes représentant 391,385 fr., ce qui constitue, comme on le voit, une vérification des deniers courants sur les plus larges bases (*Rapport final* de MM. Dumas et de Colmont, page 20). Des expériences de ce genre honorent l'administration qui les ordonne.

[2] C'est-à-dire, d'après ce qui est exposé quelques lignes plus loin, que jusqu'en 1830, le titre moyen était d'au moins 904 millièmes.

Les pièces d'argent françaises frappées avant 1825 contenaient un peu d'or, 1 millième à peu près. De plus, jusqu'en 1830, par suite de l'imperfection du procédé d'essai (on essayait jusque-là par la voie sèche ou ignée, à la coupelle), toutes les pièces d'argent avaient un excès de métal, parce que là où la coupellation accuse 9 dixièmes ou 900 millièmes il y en a réellement 904. En 1830, sur les observations de Gay-Lussac, on substitua l'essai par la voie humide à l'essai par la voie sèche, et dès lors on put rentrer plus exactement dans les limites du titre fixées par la loi. La coïncidence d'un excès d'argent avec 1 millième d'or dans les anciennes pièces, a donné lieu à une industrie qui s'est exercée sur la plus grande échelle. Les changeurs, d'après MM. Dumas et de Colmont (*Rapport final*, page 128), triaient, à l'époque où la commission fonctionnait (1838 et 1839), toutes les pièces de 5 fr., qui passaient par leurs mains et mettaient à part celles des types Hercule, Napoléon et Louis XVIII, lorsqu'elles pesaient 25 grammes. Un sac trié de mille francs, valeur nominale, se vend 1,003 fr. Les affineurs à qui les changeurs vendaient ces pièces ainsi triées trouvaient un bénéfice notable à en séparer l'or et à vendre l'argent comme des lingots. C'est un commerce qui a dû cesser à peu près aujourd'hui par la rareté de la matière.

Il est bien clair que les efforts de l'administration doivent tendre à restreindre de plus en plus les tolérances de poids et de titre, et à ce qu'il soit usé aussi peu que possible de l'une ou de l'autre. Jusqu'en 1789 l'administration française suivait des errements opposés. Dans le discours que nous avons déjà signalé plusieurs fois, Mirabeau cite une lettre circulaire en date du 2 avril 1779, par laquelle le chef du service monétaire faisait à ses subordonnés le reproche *de ne pas fabriquer les pièces assez faibles pour qu'il en pût résulter un plus grand bénéfice pour le roi.* Comme le disait Mirabeau, c'était les réprimander de ce que les espèces d'or et d'argent fussent « trop bien faites. »

La fabrication des monnaies dans les différents pays se fait selon deux systèmes. Dans les uns les directeurs des hôtels des monnaies sont des agents du gouvernement, travaillant pour son compte, c'est le système anglais. Dans les autres, ce sont des entrepreneurs d'industrie agissant à leurs risques et périls, sous la surveillance de l'État, à des conditions qui sont déterminées rigoureusement, c'est le système français. Dans l'un et l'autre système, les particuliers ont la faculté d'apporter telle masse de métal en lingots qu'il leur convient pour la faire monnayer, et ils sont astreints à payer une somme qui est destinée à couvrir les frais de fabrication, à moins que l'État n'ait pris ces frais à sa charge. En France, avant 1789, le tarif soumettait à une double redevance les métaux présentés au monnayage. Il y avait un *seigneuriage* que le dernier tarif avait mis à 1 et $\frac{292}{1000}$ pour 100 sur l'argent et à 1 $\frac{167}{1000}$ sur l'or, plus un *brassage* de 14 $\frac{5}{10}$ pour mille sur l'argent et de 2 $\frac{8}{10}$ pour mille sur l'or. Ce n'était pas excessif; il est vrai que l'esprit fiscal se faisait

la part d'un autre côté, par l'exagération du *re-*
mède d'aloi et du *faiblage* ou *remède de poids ;*
c'étaient les noms que portaient alors la tolérance
de titre et la tolérance de poids. Après la révolution, la retenue a été 1 et demi pour 100 sur l'argent. En 1835, elle a été abaissée à 1 pour 100,
et enfin depuis 1849, elle est de 3/4 pour 100.
Ainsi, à celui qui apporte à la monnaie des matières contenant 1 kilog. d'argent fin, on rend
des espèces monnayées qui contiennent 1 kilog.
de fin moins 7 grammes et demi. Sur l'or, le droit
prélevé en France est de moins de 2 millièmes,
6 fr. sur 3,100 fr. Ces conditions sont évidemment suffisantes, puisqu'on trouve des directeurs
des monnaies qui s'y soumettent en frappant des
monnaies très légales.

En Angleterre et aux États-Unis il n'est rien re-
tenu. Le particulier qui apporte des matières d'or
dans le premier pays, d'or ou d'argent dans le
second, reçoit en espèces la totalité de ce qu'il
a livré, poids et titres balancés. Le monnayage
a lieu alors aux frais de l'État. Dans les autres
pays, à peu près partout, le monnayage est à la
charge des particuliers, mais à des conditions qui
se rapprochent de celles qui sont faites en France,
un peu moins libérales cependant. Le bas prix auquel les hôtels des monnaies français fabriquent
les pièces d'argent pour le public, vient en partie
de la perfection où a été porté l'affinage. Les directeurs des hôtels des monnaies sont liés d'intérêt avec des affineurs qui séparent de l'argent
neuf arrivé des mines ou des vieilles matières les
moindres parcelles d'or, ce qui les aide à reti-

rer de leur industrie un bénéfice raisonnable [1].

Pour la bonne fabrication des monnaies, il est utile que les établissements monétaires soient, dans chaque État, aussi peu nombreux que possible. La surveillance est alors beaucoup plus aisée et les frais généraux sont bien moindres. Les mécanismes qui servent à ce travail sont tellement perfectionnés et simplifiés, que la puissance de fabrication d'un hôtel des monnaies est presque indéfinie. En Angleterre, on n'a aucune peine à fabriquer toute la monnaie que réclame le royaume-uni, y compris les pièces d'argent, dans le seul hôtel des monnaies de Londres. En France, la commission administrative de 1838 prouva qu'il serait facile de se réduire au seul hôtel des monnaies de Paris, et même un projet de loi conçu dans ce sens fut présenté aux chambres. Il n'a pourtant rien été fait encore, et même dans ces derniers temps, à l'occasion du nouveau billon, l'on a jugé à propos de ressusciter des hôtels des monnaies qui avaient été supprimés dans une première réforme, en 1837.

[1] Cette industrie en est venue à ce point qu'on a pu effectuer le *départ* (c'est-à-dire la séparation de l'or) sur des lingots qui ne contiennent d'or que le tiers d'un millième de leur poids.

VI. *Caractère que l'emploi de la monnaie donne aux transactions qui ne sont pas des trocs immédiats. Changement qu'elle peut causer entre le créancier et le débiteur, à quelques moments particuliers. Question intéressante concernant les rentiers de l'État en Angleterre et en France.*

L'intervention de la monnaie donne aux transactions certains caractères. Elles leur fait acquérir notamment une grande précision. En effet, celui qui achète s'engage à donner, et celui qui vend s'oblige à recevoir un objet parfaitement déterminé, à savoir un certain poids d'or fin ou d'argent fin, et ce, quelle que puisse être la variation en hausse ou en baisse qu'éprouve la valeur du métal entre le moment où la transaction est faite et celui où le solde a lieu. Si j'ai acheté une maison 100 mille fr. à payer dans dix ans; cela signifie qu'après un délai de dix années je devrai livrer à mon vendeur 100 mille fois 4 grammes et demi (ou 450 kilog.) d'argent fin, et que de son côté mon vendeur alors devra en être content. Je suis tenu, il est vrai, de livrer les 450 kilog. d'argent sous la forme d'espèces monnayées; mais entre le lingot et les espèces la différence est très faible, parce que le monnayage est une fabrication très peu dispendieuse, on vient de le voir à l'instant, et les hôtels des monnaies fondés par les gouvernements échangent à discrétion les lingots qu'apporte le public contre des pièces de monnaie, moyennant une retenue très

6

faible, ainsi que nous l'avons dit, quelques-uns même sans aucune retenue quelconque.

De ce caractère de la monnaie voici la conséquence immédiate : si l'or ou l'argent devenaient sujets à de grandes variations de valeur, les transactions deviendraient aléatoires, car on ne saurait plus, le vendeur ce qu'il s'engage à recevoir, l'acheteur ce qu'il s'engage à livrer. L'on conçoit donc que, dans les pays surtout où la loi aurait reconnu aux deux métaux simultanément l'attribution monétaire, l'on en dépouille momentanément l'un des deux si l'on le voit entrer dans une phase de variations, ou tout au moins qu'on le soumette à un règlement tout spécial.

Une autre conséquence consiste en ce que l'intervention de la monnaie qui, en général, offre de grands avantages, favorise la sécurité et le nombre des transactions et profite à tous les intérêts, dans certains cas particuliers cependant apporte une perturbation extrême aux relations entre le créancier et le débiteur, quels qu'ils soient. Si l'or haussait de valeur en Angleterre, où c'est la seule monnaie reconnue, la position du débiteur serait aggravée ; celle du vendeur le serait dans le cas contraire. Supposons, par exemple, que l'or baisse de moitié par l'effet des mines nouvelles découvertes dans la Californie et l'Australie, c'est une hypothèse qui peut très bien se réaliser. En ce cas, une fois la baisse accomplie, la dette anglaise, qui est de 28 millions sterling à payer annuellement, ne pèserait plus sur le budget anglais et sur les contribuables que dans la proportion où pèse actuellement sur le public une somme moitié moindre, soit de 14 millions. Ce serait un notable dégrèvement pour les contribuables, à peu près ce que coûtent à la Grande-Bretagne ses armées de terre et de mer. Le dégrèvement aurait lieu entièrement aux dépens des rentiers. Toutefois, ceux-ci ne seraient pas fondés à prétendre que, à leur égard, les règles de la justice auraient été violées. Ils subiraient l'application pure et simple de la loi telle qu'elle a été mûrement et consciencieusement délibérée. Le gouvernement n'est tenu légalement envers eux que d'une chose, de leur délivrer tous les ans 28 millions sterling, c'est-à-dire, selon les termes formels de la loi, 28 millions de fois 7 grammes 318 milligr. d'or fin, ou un total de 205 mille kilog. à répartir au prorata de leurs inscriptions de rentes. Si l'or avait enchéri de telle sorte que le *quarter* de blé, au lieu de s'échanger communément contre 50 sh. ne se troquât plus, pour une moyenne de quinze ou vingt ans, que contre 25 sh., ou qu'un bon ouvrier n'obtînt plus pour sa journée habituellement, toutes autres choses demeurant les mêmes, qu'un dixième de livre sterling au lieu d'un cinquième, il n'en eût pas moins fallu que le chancelier de l'échiquier continuât de partager tous les ans entre les créanciers de l'État, au prorata de leurs inscriptions de rentes, le bloc d'or fin de 205 mille kilog. Les deux parties, l'État et les créanciers ont chacun couru une chance, le premier de la hausse, le second de la baisse. La roue de la fortune, dans la supposition à laquelle nous nous livrons, aurait tourné à l'avantage de la trésorerie; la partie adverse n'a qu'à se soumettre.

En raisonnant ainsi, je laisse à l'écart la supposition, qui me paraît très peu probable, que les conseils de la nation britannique jugeant que, pendant la période où la baisse de l'or s'accomplirait, ce métal est provisoirement impropre à la fonction monétaire, répudieraient l'or pour passer à la monnaie d'argent.

La France ayant aussi de la monnaie d'or, on peut se demander pourquoi le gouvernement français ne profiterait pas de la circonstance, de même que le gouvernement anglais à l'égard de ses créanciers, et pourquoi il ne payerait pas en or les arrérages de la dette publique, après que l'or aurait été déprécié par rapport à l'argent. Arrêtons-nous un instant sur cette question ; elle en vaut la peine, et elle fournit l'occasion d'éclaircir le sujet de la monnaie.

Ceci est une question de bonne foi. Il serait certes bien tentant pour un ministre des finances, au milieu des embarras du trésor et des réclamations des contribuables, de pouvoir dire, dès que la baisse de l'or aura commencé à se déclarer : l'occasion est bonne pour dégrever le public ; payons les rentiers en or désormais; donnons-leur pour 20 francs, les pièces qualifiées ainsi par la loi de l'an XI, quoique la quantité d'or qu'elles contiennent, 5 grammes 806 milligrammes, ne vaille plus que 15 francs, c'est-à-dire 67 grammes et demi d'argent, et nous continuerons ainsi quand elle n'en vaudra que 10. Mais ce serait attentatoire à la justice ; ce serait abuser d'un mot introduit dans la législation à titre provisoire, et l'ériger en une vérité permanente et

absolue. Quand le législateur de l'an XI ordonna
la fabrication de pièces en or dites de 20 fr., contenant 5 grammes 806 milligrammes de métal,
sur quoi se basa-t-il? Sur ce que, à ce moment-
là, cette quantité d'or fin se vendait dans le
commerce tout juste 20 fr., je veux dire 90 gr.
d'argent fin. Si cette quantité d'or n'eût valu que
15 fr., l'eût-il adoptée? Non évidemment. En
supposant que pendant la discussion de la loi la
demande lui eût été adressée de s'expliquer sur
ce qu'il ferait si quelque jour l'or diminuait ou
augmentait de valeur par rapport à l'argent qu'eût-
il répondu? Infailliblement il eût dit que dans ce
cas on ferait une refonte de la monnaie d'or afin
d'augmenter ou de diminuer en proportion la quantité de métal contenue dans les pièces de 20 fr.,
ou qu'une loi modifierait le cours des pièces de
20 fr. déjà existantes, conformément au changement qui serait survenu dans la valeur de l'or
comparativement à l'argent. Donc il n'est pas
admissible que dans cinq, dix ou vingt ans, quand
la valeur de l'or aura baissé, le gouvernement
français en profite envers ses créanciers, en les
forçant de prendre pour 20 fr. des pièces d'or
taillées, comme on le fait aujourd'hui, sur le pied
de 29 centigrammes de fin par franc.

On peut apercevoir d'un autre point de vue ce
que cette pratique captieuse aurait de révoltant.
Il ne peut y avoir deux poids et deux mesures dans
un État. Si le gouvernement, la baisse de valeur
de l'or une fois accomplie, élevait tout à coup la
prétention de payer en or ses fournisseurs ou ses
entrepreneurs de travaux publics sur le pied de

29 centigrammes d'or fin par franc, après que, en conscience, le solde dû à ces fournisseurs et entrepreneurs eût été entendu en francs de 4 grammes et demi d'argent fin, personne plus ne voudrait être fournisseur ni entrepreneur de l'État. Le public indigné crierait à la spoliation ! Ce qui serait un vol à l'égard des fournisseurs et des entrepreneurs, le serait également à l'égard des rentiers.

Si c'était l'argent qui eût baissé de valeur, le gouvernement français serait parfaitement dans son droit en payant les rentiers en argent tout juste comme devant. C'était en argent que la convention avait été faite. La loi a statué une fois pour toutes que 4 grammes et demi d'argent fin feraient un franc ni plus ni moins, chacun courant la chance des variations fortes ou faibles que pourrait éprouver la valeur du métal. Donc toutes les fois que le gouvernement français doit ou devra un franc, il est et sera toujours fondé à donner 4 grammes et demi d'argent fin. Celui qui réclamerait contre cette manière de s'acquitter perdrait son procès en justice et en équité. Dans ce cas, le budget énoncé en somme d'argent grossirait beaucoup sans surcharge aucune pour le contribuable. Si la baisse avait été des trois quarts, les particuliers ne seraient pas plus affectés de donner à l'État quatre francs, c'est-à-dire 18 grammes d'argent fin, qu'ils ne le sont aujourd'hui de lui servir 1 franc en 4 grammes et demi d'argent fin. Les sommes à payer aux fournisseurs et aux entrepreneurs de l'État se règleraient en conséquence. Tel qui reçoit aujourd'hui 10 grammes d'argent en recevrait 40, parce que tel aurait été le contrat ; mais toute convention antérieure de particulier à particulier, ou entre l'État et un individu quelconque Français ou étranger, suivrait son cours, franc pour franc, ce qui revient à dire gramme pour gramme.

En résumé, par la découverte des mines de la Californie et de l'Australie, si ces mines conservent les caractères qu'on leur connaît aujourd'hui, un moment viendra où les choses se passeront pour la trésorerie britannique tout comme si un génie ennemi de ses créanciers eût quelque belle nuit lacéré dans leurs portefeuilles les titres de la dette publique dans une très forte proportion, de la moitié peut-être, plus ou moins, sans que les infortunés rentiers soient fondés à rien réclamer. La trésorerie française, au contraire, à moins d'une iniquité flagrante, n'a aucun bénéfice semblable à attendre de ces mines nouvelles d'or. Mais si des mines d'argent d'une richesse supérieure venaient à être découvertes en Californie ou ailleurs, ou si les arts métallurgiques recevaient, sur les mines actuelles au Mexique, au Pérou, au Chili, de grands perfectionnements qui y diminuassent considérablement les frais d'extraction, le trésor français recueillerait le même avantage qui semble devoir échoir à l'échiquier anglais, par suite de ce qui se passe sur les rivages du grand Océan.

Nous n'ajouterons rien ici à l'exposé que nous avons présenté ailleurs (Métaux précieux), à l'effet d'établir que l'or était menacé d'une baisse prochaine, en conséquence de la production considé-

rable et relativement facile de ce métal qui, tout
porte à le croire, doit se prolonger. Il y a pourtant lieu de s'arrêter un moment sur une objection
qui peut se présenter à l'esprit. La baisse de l'or
n'entraîne-t-elle pas nécessairement la baisse ou
tout au moins une certaine baisse de l'argent, par
cela même qu'elle aura pour effet de substituer
l'or à l'argent pour certains usages, et surtout
dans la monnaie? Dès lors la prévision d'une baisse
de l'or par rapport à l'argent est-elle motivée?
n'est-ce pas plutôt une sorte de jeu d'esprit? Je ne
le pense pas. La baisse de l'or, il est vrai, pourra
et devra déterminer l'emploi d'une plus grande
quantité de ce métal dans les arts, pour la fabrication des articles de luxe ; mais pour que l'or se
substitue à l'argent dans une proportion digne
d'être remarquée, il faudrait qu'il eût subi déjà
une baisse très forte, d'au moins moitié par exemple, car la différence de valeur entre les deux
métaux est énorme, à tel point qu'une baisse modique de l'un le laisse encore à une distance extrême de l'autre. Or c'est cette baisse très forte
que l'on conteste ; on n'est donc pas admissible à
en argumenter.

A l'égard de la monnaie, il en est fort diffé-
remment : avec la législation qui est actuellement en vigueur au sujet de la monnaie, une
baisse même faible de l'or suffirait à l'introduire
dans le mécanisme monétaire à la place de l'argent chez les peuples qui battent monnaie avec
les deux métaux indistinctement, et c'est tout le
monde à l'exception de l'Angleterre. En ce cas
l'argent, expulsé de la circulation, pèserait sur

le marché et ferait concurrence à l'argent provenant des mines, au même titre qu'une production
extraordinaire ou que la découverte d'un grand
trésor du même métal. Il est hors de doute qu'il
s'ensuivrait une baisse; cependant la baisse aurait une portée différente : la masse d'argent ainsi
mise en liberté serait une quantité fixe, non sus-
ceptible d'accroissement, et en cela elle différerait
de la production supplémentaire d'or qui se manifeste, car celle-ci se répète tous les ans, et semble
bien devoir continuer ainsi pendant une suite
d'années. La quantité d'argent sortie de la monnaie, dont nous parlons, ralentirait l'exploitation des mines d'argent actuellement en activité,
et la diminution de production aurait compensé
au bout d'un certain délai la masse même de cet
argent dégagé de la monnaie. Ce serait comme
un accident qui modérerait et pourrait même para-
lyser complétement, pour un temps, le changement de valeur relative entre l'or et l'argent, tel
qu'il devrait résulter du changement dans le rapport des frais de production. Mais à l'expiration
d'un certain délai, l'accident cessant, et la baisse
des frais de production de l'or n'étant pas accom-
pagnée d'une baisse proportionnelle pour l'argent
reprendrait l'influence qui lui est propre; elle dé-
terminerait la baisse de l'or par rapport à l'argent
comme par rapport à toute autre marchandise.

L'importance de l'accident serait très fortement
atténuée et presque réduite à rien, si les peuples
qui ont le plus de monnaie d'argent prenaient le
parti que nous avons recommandé ici de modifier
leur législation monétaire, soit en démonétisant

l'or, soit en adoptant la mesure moins radicale qui consisterait à frapper des pièces d'or dont la valeur, par rapport à l'unité monétaire en argent, serait variable, mais ne varierait qu'en suivant les formes conservatrices que nous avons indiquées. Or si l'on reconnaît que ce parti serait prudent, pourquoi veut-on que les gouvernements ne s'y rallient pas?

Il va sans dire que, au contraire, l'accident dont nous parlons s'aggraverait, si, pendant le cours de sa durée, une cause quelconque, la découverte de nouvelles mines d'argent plus fructueuses, ou l'introduction effective de perfectionnements considérables dans la branche mécanique ou la branche métallurgique de l'exploitation des mines d'argent, venait réduire notablement les frais de production de ce métal. Que demain le Mexique soit conquis par les Américains des États-Unis, et nous assisterons vraisemblablement dans un bref délai à ce phénomène. Mais en de pareilles matières on raisonne sur des probabilités et non sur des certitudes, et c'est pourquoi l'on arrive à des conclusions non pas certaines mais seulement probables. Or on a pu le voir plus haut (MÉTAUX PRÉCIEUX), les événements politiques et industriels dont il vient d'être parlé relativement à l'argent sont, selon toute probabilité, d'une échéance moins prochaine que ceux dont il s'agit pour l'or. Ceux-ci sont en pleine voie d'accomplissement. Voilà pourquoi la baisse de l'or par rapport à l'argent est probable; voilà pourquoi le système monétaire des nations qui, comme la France, monnayent les deux métaux est, si l'on

n'avise, menacé d'une perturbation très grave qui
bouleverserait, contre toute justice, des intérêts
respectables, et, pour conclure, voilà pourquoi il
y a lieu d'aviser sans plus de retard, en remaniant
le système monétaire de la France.

VII. *De quelques expédients que les particuliers
peuvent adopter, quand les métaux précieux
sont en voie de baisse, pour parer à la perte
qui les menacerait en conséquence. — Exemples des changements qui peuvent en résulter
dans les usages. — Des placements que doit
faire alors un père de famille.*

Quand le métal dont est faite la monnaie est en
train de varier de valeur par rapport aux autres
produits de l'industrie, il arrive que les payements
soient, dans certains cas, stipulés autrement qu'en
monnaie. Dans ces circonstances, en effet, on doit
incliner, autant que c'est possible et facile, à adopter un mode de payement non métallique, en sub-
stituant au métal monétaire quelque autre objet
qu'on supposerait moins variable dans sa valeur.
Une des principales raisons, répétons-le, qu'ont
eues les hommes d'employer l'or ou l'argent
comme marchandises intermédiaires dans les
transactions, est la fixité relative de valeur qu'on
y avait remarquée. Mais si, par aventure, une découverte semblable à celle des mines du Nouveau-Monde au seizième siècle introduit une
grande perturbation dans la valeur des métaux
précieux, tant que la perturbation dure, pendant
tout l'intervalle que mettent ces métaux à passer

du niveau à peu près fixe où se tenait leur valeur au niveau où elle doit demeurer désormais
pendant une période indéfinie, ils sont dépouillés
de la vertu qui les signalait, d'être fixes en valeur, et il est tout naturel qu'on leur substitue,
dans les occasions qui le comportent, un autre
article qu'on jugera devoir être notablement plus
fixe ou moins variable. Le blé se présente comme
un substitut digne d'attention. Le blé certes ne
peut servir de monnaie : nous l'avons dit, il n'est
pas assez portatif ; il est sujet à s'altérer ; ce n'est
pas une substance homogène et toujours égale à
elle-même, comme le lingot d'or qui sort du
creuset d'un affineur ressemble au lingot qu'un
autre affineur aura préparé à mille lieues de là.
Enfin, d'une année à la suivante, le blé éprouve
dans sa valeur, par rapport aux autres articles de commerce, des oscillations très fortes ;
il monte ou descend du simple au double ou
au triple quelquefois. Quelle différence, par
exemple, entre les prix courants du commencement de 1846 et ceux de la fin, et quelle chute
de 1847 à 1848 ! Cependant, si l'on prend des
moyennes d'un certain nombre d'années, c'est
assurément un des articles qui changent le moins
de valeur, comparativement à l'ensemble des productions. Lorsqu'on envisage des périodes sécu-
laires, le blé apparaît presque avec l'avantage de
la fixité relative dans la valeur. L'individu qui, du
temps d'Auguste, aurait possédé une redevance
de 1,000 hectolitres de blé, et qui aurait pu la
transmettre à sa descendance depuis cette époque jusqu'à nous, aurait garanti à ses héritiers du

huitième, du quinzième et du dix-neuvième siècle, un degré de bien-être beaucoup moins dis-
semblable à celui dont il jouissait lui-même que
s'il eût légué une rente d'un poids déterminé en
or ou en argent.

Conformément à cette observation, il serait
possible, légitime et sage aujourd'hui qu'en Angleterre, en prévision d'un grand changement
dans la valeur de l'or, le propriétaire, qui se lie-
rait par un bail de deux ou trois générations, sti-
pulât qu'on lui payerait une quantité fixe d'hectolitres de blé au lieu d'un nombre déterminé de
livres sterling. De même, le particulier qui voudrait constituer une rente à ses enfants ou à un
collége, ou à un hospice, agirait prudemment,
dans l'hypothèse où nous sommes placés ici, de
la constituer en mesures de blé et non en pièces
d'or. Après la découverte de l'Amérique, l'Angleterre, où alors la monnaie était principalement
d'argent, fut redevable à ce sentiment d'une loi
sage, en vertu de laquelle un tiers des rentes dues
aux colléges d'Oxford et de Cambridge dut être
servi en boisseaux de blé d'une qualité indiquée.
Des hommes éminents, tels que le chancelier Bur-
leigh et le secrétaire d'État Smith, prirent l'ini-
tiative de cet acte de prévoyance, parce que, éclairés par l'expérience contemporaine, ils voyaient
que l'argent représentait bien plus imparfaite-
ment que le blé une somme fixe de jouissance,
dès qu'il s'agissait d'une suite indéfinie d'années.
On était au fort de la perturbation causée par la
mine d'argent du Potosi. La date de la loi est
de 1576.

D'une manière plus générale, il ne serait pas impossible que l'effet de la Californie fût d'introduire en Angleterre, par les motifs qui viennent d'être spécifiés à l'égard du blé, le métayage ou partage des fruits de la terre dans un rapport déterminé entre le propriétaire et le fermier au lieu du fermage. Le métayage est un mode d'exploitation fort décrié par les auteurs, et qui, autant que je suis bien informé, n'existe pas en Angleterre, où le fermage, au contraire, est généralement adopté. Mais les inconvénients qui font condamner le métayage ne sont pas tous de sa nature même. Il en est qu'on peut écarter ; telle est la routine aveugle qui le caractérise dans nos départements du centre et qui y est une cause de retard pour l'agriculture. Le fermage est bien plus commode, pour un propriétaire éloigné, que le métayage ; il n'exige aucune surveillance ; on sait ce qu'on reçoit ; il dispense le propriétaire des soucis de la vente des fruits. Mais ces ennuis du métayage cesseraient d'effrayer les propriétaires ou un certain nombre d'entre eux, s'il s'agissait de se soustraire à un déchet énorme dans son revenu.

Les particuliers pourraient encore, dans la même pensée, prendre, en un cas semblable, pour l'unité de valeur à laquelle on rapporterait de futures redevances, au lieu d'un poids fixe d'or ou d'argent, comme est la livre sterling ou le franc, la quantité variable de l'un ou de l'autre de ces métaux qui serait le prix moyen d'une journée de manœuvre dans une localité spécialement désignée. Ce serait, tout comme la substitution du blé à l'or, un moyen de s'assurer ou de garantir à ses héritiers un revenu plus fixe, et ce serait préférable, parce que la rémunération de la main-d'œuvre oscille moins que le prix du blé. Bien plus, en vertu de la force des choses ou, pour mieux dire, du mouvement providentiel qui élève graduellement la condition du commun des hommes, il est à croire que de la sorte on garantirait à ses héritiers un degré de bien-être plutôt supérieur qu'inférieur à celui dont on aurait joui soi-même.

Les précautions dont nous venons de parler ne s'appliquent qu'à de certaines circonstances spéciales et restreintes; mais il en est d'autres que, dans des temps pareils, doit observer le père de famille et en général l'homme soucieux de l'avenir, afin que sa fortune ne soit pas exposée à ne plus représenter qu'une masse de jouissances beaucoup moins considérable pour les générations suivantes ou même après un moindre laps de temps. Règle générale, celui qui fait des placements à long terme doit, quand le métal dont est l'unité monétaire se trouve en voie de baisse, éviter tout ce que l'on peut appeler des placements financiers et préférer des placements fonciers. Par placements financiers, nous entendons tout capital qui est, non pas simplement évalué en une somme d'espèces métalliques, car tout capital s'évalue ainsi dans un inventaire et dans le langage ordinaire, mais bien réellement composé d'une somme de métal déterminée présentement ou en expectative. Ainsi les rentes sur l'État sont des placements financiers, car le titre de rente porte expressément que l'État se reconnaît débiteur d'un certain capital en écus, c'est-à-dire d'une quantité déterminée de métal, pour laquelle il sert un intérêt de 3 ou de 4 ou de 5 en écus, c'est-à-dire encore une fois une quantité convenue et fixe de métal. De même tous emprunts stipulés en francs ou en livres sterling d'institutions quelconques, telles que les compagnies de chemin de fer ou de canal, les emprunts hypothécaires et en général tous titres d'emprunt. De même les actions de la Banque et autres établissements analogues. Tous tant qu'ils sont, les placements de ce genre ne peuvent manquer d'être affectés par la baisse du métal dont l'unité monétaire est faite. Un titre de rente de 100 fr. ou de 100 liv. st. en capital vaudra toujours 100 fr. ou 100 liv. st., les circonstances politiques et sociales qui influent sur le cours des fonds publics demeurant les mêmes. Mais si le métal monétaire baisse, 100 fr. ou 100 liv. st. vaudront une moindre quantité de toute autre chose, et particulièrement de terres ou d'autres immeubles; car, à mesure que baisse le métal dont est la monnaie, les autres objets prennent, en pièces de monnaie, une valeur croissante. La hausse des uns est un fait corrélatif à la baisse de l'autre. Ce sont, pour mieux dire, les deux aspects d'un seul et même fait.

Les actions de chemins de fer, de canaux, de ponts, de docks et d'autres entreprises de travaux publics se rangent parmi les placements fonciers; car une action de chemin de fer, par exemple, est une partie aliquote bien déterminée,

le cinquante millième ou le cent millième du
chemin de fer dont il s'agit, et qui est bien in-
contestablement une propriété foncière. Cela se
cote à la bourse en francs ou en livres sterling,
mais uniquement parce qu'on évalue en pièces
de monnaie toute chose qui se vend ou s'achète.
Si le métal dont est la monnaie vient à baisser
de moitié, la cote des chemins de fer doit doubler
tout juste, toutes choses égales d'ailleurs, c'est-à-
dire la circulation étant la même, et en admettant que la compagnie soit investie de la faculté
de se mouvoir convenablement dans son tarif.

Dans le cas où la compagnie de chemin de fer,
ou toute autre entreprise de travaux publics, per-
cevrait déjà de tout point le maximum du tarif
inséré dans son cahier des charges, et où, une
fois la baisse du métal monétaire bien constatée,
l'autorité lui refuserait l'élévation de ce maximum, les actions du chemin de fer devraient rester à leur cote ancienne en francs ou en livres
sterling, tout comme les placements financiers,
ou plutôt tomber beaucoup plus bas, puisque la
recette brute exprimée en pièces de monnaie resterait la même, tandis que la dépense d'exploitation exprimée de la même manière serait doublée. Dès lors il se pourrait bien, pour tel chemin
de fer, que les actionnaires n'eussent rien de
mieux à faire que d'abandonner leurs actions
comme des titres sans revenu, et par conséquent
sans valeur. Mais l'hypothèse d'où nous partons ici
est invraisemblable, et elle ne s'accorderait pas
avec la stricte équité. En fait, il n'y a pour ainsi
dire aucune entreprise de travaux publics qui per-

çoive de tout point le maximum inséré dans son cahier des charges. En France, les compagnies de chemins de fer, notamment, qui ne font qu'un très faible rabais le plus souvent sur le tarif des voyageurs, en font un considérable sur le tarif des marchandises. Les compagnies anglaises, qui ont reçu du législateur plus de latitude, font un fort rabais sur les voyageurs aussi. Ensuite il n'est pas à croire que, dans le cas d'une forte dépréciation du métal dont est l'unité monétaire, les gouvernements refusassent aux compagnies une révision de leurs tarifs, de manière à mettre ceux-ci en harmonie avec la valeur du métal. La circulation sur un chemin de fer, un canal ou un pont, ou l'exploitation d'un dock, est un service public qui ne peut souffrir d'interruption : or ce service pourrait bien être compromis par un changement dans la valeur du métal monétaire, qui doublerait tout juste la dépense exprimée en pièces de monnaie, sans élever d'autant la recette, si l'on ne réparait ainsi la disproportion intervenue entre les produits et les dépenses.

Si nous avions à suivre plus loin cette analyse, il serait possible de présenter quelques observations spéciales sur les différents placements qui s'indiquent le mieux à l'esprit. Les actions de la Banque de France ou de la Banque d'Angleterre sont, par leur essence même, des placements financiers ; mais comme le revenu en francs ou en livres sterling de ces établissements dépend de la masse d'affaires qu'ils font, masse qui est exprimée en numéraire, et comme par le fait de la baisse des métaux précieux la masse, exprimée en numéraire, de leurs transactions les plus accoutumées, et particulièrement de l'escompte, serait doublée dans le cas d'une baisse de moitié du métal monétaire, les principales sources du revenu de ces institutions produiraient le double en écus. Il n'est personne, en effet, qui ne voie que le même nombre de balles de coton ou de laine, ou le même nombre de mètres de tissus donnerait naissance à des lettres de change d'un montant double en livres sterling ou en francs, dans l'hypothèse où l'or ou l'argent aurait baissé de moitié. La Banque escomptant des effets de 2.000 fr. là où auparavant elle en escomptait de 1,000, aurait au chapitre de l'escompte un revenu double. (Nous supposons que le taux de l'escompte reste le même.) Ainsi il semble que le placement en actions de la Banque ne serait pas atteint par la baisse des métaux précieux, quoique ce soit un placement financier. Il ne faut cependant pas perdre de vue un autre côté de la question : le capital de la Banque, dont l'action est une partie aliquote exactement déterminée, et qui est formé d'une certaine masse de numéraire, est le fonds de garantie de sa gestion vis-à-vis du public. Si dans l'état présent des choses le capital est tout juste ce qu'il faut pour que la garantie soit suffisante, il est bien clair que, dans le cas où le métal dont est l'unité monétaire viendrait à baisser de moitié, ce capital devrait, pour la sécurité du public, être doublé ; en d'autres termes, il faudrait émettre de nouvelles actions et appeler de nouveaux actionnaires qui partageraient avec les anciens le revenu de la Banque ; or ce revenu, qui désormais serait exprimé par une somme double de francs, n'aurait cependant, par l'hypothèse même où nous sommes placés, que la valeur du revenu précédent; donc la position des actionnaires serait sérieusement changée, et ainsi la nature financière du placement aurait son effet. Il est vrai d'ajouter qu'il y a d'excellentes raisons pour soutenir que, même dans le cas d'une baisse de moitié du métal monétaire, il n'y aurait pas lieu d'augmenter le capital de la Banque de France et de la Banque d'Angleterre. Le crédit dont jouissent, à juste titre, ces deux puissantes institutions est si grand, qu'on peut croire que, avec la valeur de leur capital réduite à moitié, elles suffiraient encore à toute l'étendue de leurs fonctions; mais ceci est une autre question qui n'est plus de notre sujet.

VIII. Du Frai. — *A la charge de qui doit-il être?* — *Du retrait des pièces affaiblies.*

La monnaie s'use par la circulation; de là, avons-nous dit, la perte qu'on nomme le *frai*, qu'il ne faut pas confondre avec la diminution frauduleuse qui vient de ce que quelques personnes rognent les espèces par l'acier, ou les affaiblissent en les passant par des acides violents. Le *frai* ne laisse pas que d'être digne d'attention; il résulte d'expériences fort soignées faites en France sur 400 mille pièces de 5 fr., sous la la direction de MM. Dumas et de Colmont, que la loi du frai paraît être uniforme, ou à peu près, pendant toute la durée de la circulation des monnaies, et qu'on peut l'évaluer à 4 milligrammes par pièce et par an; c'est 16 parties sur 100 mille, ou 1 sur 6,250. Les expériences faites en Angleterre à la fin du dernier siècle indiqueraient à peu près le même frai pour les couronnes, pièces d'argent dont les dimensions sont à peu près les mêmes; mais elles montrent que, à mesure qu'on envisage des pièces d'un moindre échantillon, le frai devient plus considérable. Ainsi, tandis que sur les couronnes ce n'était que de 1 sur 5,643, ce serait sur les demi-couronnes de 1 sur 577, ou près du décuple, et sur les schellings de 1 sur 219. Par une anomalie qui probablement est accidentelle, sur les demi-schellings, ce ne serait que de 1 sur 350. A l'égard des pièces d'or, M. Jacob, dans son livre sur les *Métaux précieux*, en partant d'expériences faites en 1807 et en 1826, exprime l'opinion que le frai est de 1 sur 950 en moyenne, en réunissant les souverains et les demi-souverains. La monnaie d'or anglaise, par la proportion d'alliage qui est un peu plus faible et par la présence d'un peu d'argent qu'on néglige d'en retirer, est plus résistante que la nôtre.

Quand la monnaie a perdu notablement par le frai, il y a une différence entre la valeur nominale et la valeur réelle, et le prix des marchandises s'en ressent. Il monte exactement comme si l'on avait légalement changé la monnaie pour une autre plus faible. Sous Guillaume III, ce phénomène était devenu très sensible en Angleterre. La législation anglaise statue que, au delà d'un certain point, les espèces cessent d'être de la monnaie courante. La perte ainsi autorisée est d'un cent cinquantième du

poids du souverain, ce qui ferait 17 centimes.
La Banque d'Angleterre, à qui les espèces reviennent sans cesse, les brise quand elles sont
au dessous de ce minimum. Elle est assurée de
les découvrir, puisqu'elle pèse une à une, par
une machine dont il a été déjà fait mention ici,
toutes les pièces que lui livrent les particuliers.
La Banque d'Angleterre, qui retire ainsi de la
circulation les pièces de monnaie trop faibles, le
fait à ses frais. On a voulu éviter au public l'in-
commodité d'attendre le résultat de la pesée.
Elle en subit la perte sans compensation, car
le gouvernement ensuite ne lui en tient pas
compte.

C'est une question qui mérite d'être examinée
que celle de savoir qui de l'État ou des particuliers doit supporter la perte qui résulte du frai.
Mettre cette dépense à la charge des particuliers
n'est pas sans inconvénient, car de cette manière l'individu qui supporte le dommage n'en
est pas l'auteur. D'un autre côté, les gouvernements craignent de s'imposer cette charge, et
alors ils reculent indéfiniment devant l'exécution
de la refonte, ce qui est dommageable pour l'intérêt public. Cependant l'équité voudrait que les
gouvernements, en qui se personnifie le public
en masse, supportassent la perte. Le mieux serait, au point de vue de la pratique, d'avoir, au
sujet de la monnaie, des lois et des usages tellement combinés que les pièces affaiblies notablement sortissent de la circulation. On y parvien-
drait assez sûrement si se généralisait la coutume,
qui au surplus s'étend, de peser la monnaie,

pour peu qu'il s'agit d'une somme considérable. Avec ce système appliqué aux sommes de quelques centaines de francs, la refonte s'opérerait tout naturellement ; car, au fur et à mesure de l'affaiblissement des pièces, les particuliers, ne pouvant plus les écouler autrement sans quelque peine ou sans recourir à des artifices devant lesquels reculerait tout homme honnête, les apporteraient à l'hôtel des monnaies et les y vendraient comme des lingots.

Chez nous, lorsque le gouvernement imperial réduisit la valeur des écus de 6 et de 3 livres qui étaient sensiblement diminués par le frai, il mit la perte à la charge des particuliers qui en étaient les détenteurs. L'Angleterre, sous Guillaume III, adopta le système opposé. Elle fit une opération générale de refonte qui coûta 2 millions 700 mille liv. st. (68 millions de francs). Cette manière d'agir était plus conforme aux lois de l'équité.

IX. *De la quantité de monnaie qui existe chez les peuples. — Une nation qui se développe augmente la quantité de sa monnaie pendant une certaine période, et, passé ce point, cherche à la réduire. — Les instruments de crédit tiennent lieu alors d'une grande quantité d'espèces métalliques. — Mais il est de rigueur que tous ces titres soient convertibles en métaux précieux, à la volonté du détenteur et à un instant déterminé.*

On ne sait pas exactement quelle est la quantité de monnaie qui existe chez chaque peuple ;

on connaît très bien la quantité de chaque espèce
de pièces qui sort de la presse monétaire, mais la
proportion de monnaie qui reste en chaque pays
est bien au-dessous. Une portion du monnayage est
exportée comme lingots, et va dans d'autres États
recevoir soit une nouvelle forme monétaire, soit
une autre destination. Ainsi, en France, aujourd'hui, on est à peu près à 6 milliards d'espèces monnayées, à ne compter que les espèces
décimales; personne cependant n'évalue à plus
de la moitié la quantité de monnaie qui nous
reste effectivement, et nous croyons que même la
moitié est une évaluation forcée. Le monnayage de
l'Angleterre, à partir du 1er janvier 1816 jusqu'à
ce jour, est de près de 3 milliards; il n'est pas
vraisemblable qu'elle en possède plus de la moitié, y compris la somme énorme qui gît aujour-
d'hui, par exception, dans les caves de la banque
d'Angleterre. Il n'en est pas moins vrai qu'aujour-
d'hui chaque peuple a une richesse considérable
sous la forme monétaire. Nous ne croyons exagérer en rien en la portant, pour la France, à
2 milliards et demi, presque tout en argent, ce
qui représente 11 millions 250 mille kilog. de
métal fin ou le chargement de près de 300 na-
vires de 400 tonneaux. Cette masse de métal n'a
pas laissé que de coûter beaucoup à la France,
car, pour l'obtenir, il a fallu livrer aux contrées
qui ont des mines d'argent, ou à des intermédiaires, une quantité équivalente de diverses marchandises. Si l'on porte la journée d'un manœuvre à 1 fr. 50 c., c'est un total de 1 milliard
666,667,000 journées de travail qu'il nous en a

coulé pour nous procurer notre appareil monétaire. Ce n'est donc pas une petite affaire pour un
peuple que de se pourvoir de monnaie.

A son début dans la civilisation, une nation
est pauvre, et, à moins qu'elle n'eût été douée
d'une manière exceptionnelle sous le rapport des
mines d'or et d'argent, elle n'a de l'un et de
l'autre qu'une très petite quantité. Il faut dire
qu'à l'origine une nation sent moins le besoin
d'en avoir pour les monnayer, car la monnaie
est l'instrument des échanges, et, dans une société naissante, les échanges sont peu déve-
loppés. Ils ne se multiplient que plus tard. Dans
l'état primitif, chaque famille vit sur son propre
fonds, recevant médiocrement de services des
autres et n'en rendant que peu à son tour. Abraham devait faire peu d'usage de la monnaie,
d'abord parce que lui et les siens avaient peu de
besoins, et puis ses serviteurs faisaient eux-
mêmes presque tous les objets nécessaires à la
famille du patriarche et à la tribu. Dans la société féodale, il ne fallait pas beaucoup de monnaie non plus ; le seigneur recevait de ses vassaux
et vavassaux des redevances en denrées et en
articles divers de consommation ou des services
personnels plutôt que des écus ; à son tour, il
rétribuait ses hommes au moyen des approvi-
sionnements qu'il avait dans ses greniers et dans
ses magasins. Le clergé était rémunéré de ses
peines par la dîme en nature. Un ordre de choses
à peu près semblable avait subsisté dans la société romaine sous la république, au temps des
Fabius et des Scipion. La famille alors vivait de

ce qu'elle récoltait, et la matrone, entourée de ses esclaves et de ses propres filles, préparait les vêtements avec la laine du troupeau. Pour le mobilier, on se réduisait à un petit nombre d'articles faits par les gens de la maison. De ses industrieuses mains, le cultivateur fabriquait lui-même la plupart de ses outils. Quelque chose de semblable aussi se montrait aux États-Unis, du temps que c'étaient des colonies qui naissaient laborieusement à leurs grandes destinées. M. Gallatin, qui, dans sa jeunesse, avait observé lui-même, au sein de l'État de Pensylvanie, ce phénomène intéressant de la création d'une société, l'a dépeint sous des traits qui rappellent ce que nous venons de dire de la société romaine et de la société féodale. On y faisait très peu d'échanges, et on y était presque complétement dépourvu d'espèces métalliques. Comment, en effet, s'en serait-on procuré? On ne produisait que des denrées agricoles, articles pesants qu'il était impossible de transporter pour les aller vendre au loin, puisque l'on manquait de chemins. Deux articles indispensables, que les colons ne savaient ou ne pouvaient tirer de leur propre territoire, le sel et le fer, absorbaient la valeur de tout ce qu'ils pouvaient faire sortir de leurs vallées. Les personnes qui venaient s'établir en Amérique n'y amenaient pas de métaux précieux; pauvres pour la plupart, elles n'apportaient avec elles que l'amour du travail, et celles qui possédaient quelque peu de chose préféraient l'introduire sous la forme d'outils, d'instruments ou d'articles de première nécessité pour leur usage personnel. C'est donc un trait caractéristique d'une société qui débute que d'avoir peu de monnaie, et la cause pour laquelle elle en manque, c'est qu'elle est pauvre. A la vérité, elle en éprouve le besoin bien moins qu'une société plus riche, parce qu'elle pratique peu l'échange. Mais dans ses efforts pour s'enrichir, elle est forcée d'organiser dans son sein la division du travail, c'est-à-dire de pratiquer davantage l'échange, et, dans ses tentatives à cet effet, elle est fortement contrariée par l'absence de la monnaie.

Le manque de monnaie qu'on remarque dans les sociétés qui se forment ou qui luttent contre la misère, les conduit à rechercher quelque moyen de la remplacer ; c'est ainsi qu'on a vu les colonies de l'Amérique du Nord se livrer a l'expédient du papier-monnaie, et y revenir bien des fois, quoique chaque tentative aboutit à une perturbation profonde. Dans des temps plus reculés, elles avaient suppléé au défaut de métaux précieux par une combinaison plus grossière, en investissant d'autres marchandises de l'attribution monétaire. Le tabac, sous ce rapport, eut cours pendant longtemps en Virginie. En 1660, cinquante-sept ans après la fondation de la colonie, il y servait encore de monnaie courante. Dans le Massachussetts en 1641, l'assemblée souveraine ordonna que le blé fût reçu en acquittement des dettes. En France même, tout à fait à la fin du siècle dernier, la Convention a sérieusement délibéré, sur la proposition de Jean-Bon-Saint-André, sur la question de savoir si le blé ne serait pas institué par la loi l'instrument des échanges.

Lorsque la société se perfectionne et se développe, pour procéder régulièrement, elle éprouve grandement le besoin de la monnaie ; car comment les hommes manifesteraient-ils couramment le bel attribut de la sociabilité autrement que par l'échange sans cesse répété des produits et des services, et comment l'échange serait-il facile sans l'institution d'une bonne monnaie? La société alors se procure la matière de la monnaie, si elle est privée de mines de métaux précieux de quelque importance, et c'est le cas le plus général, par le commerce extérieur. A cet effet, il lui faut avoir : 1° un ou plusieurs articles d'exportation ; 2° les moyens matériels de les conduire à la frontière et de les exporter, ce qui suppose des moyens de transport plus ou moins satisfaisants ; 3° une législation qui ne contrarie pas le commerce d'exportation. Dans ces données, en retour de ce qu'on a exporté, on attire des importations, et, au nombre des articles importés, figure une certaine masse d'or ou d'argent, qui sert, entre autres usages, à faire de la monnaie. On est alors dans une phase où l'on peut dire qu'il existe une relation intime entre la quantité de monnaie que la société possède et la progression de sa richesse effective.

Mais s'il est vrai qu'une société qui se développe augmente la quantité de sa monnaie pendant une certaine période, il n'est pas moins vrai qu'un moment arrive où la nécessité d'accroître la masse de la monnaie ne se fait plus sentir, et où au con-

traire le mécanisme industriel, en se perfection-
nant, permet d'effectuer une même quantité de
transactions avec une quantité moindre de monnaie. Nous en trouvons la preuve auprès de nous
et chez nous-mêmes. Avec deux fois moins de
monnaie que nous, l'Angleterre accomplit plus de
transactions et se targue à bon droit d'être plus
riche. L'Espagne a plus de monnaie que les États-
Unis; les États-Unis sont cependant plus riches
que l'Espagne. Cet avantage que possède l'Angleterre, dont jouissent aussi les États-Unis, d'effectuer une même quantité de transactions avec une
moindre quantité de monnaie, est dû au développement des institutions de crédit qui est plus
grand en Angleterre qu'en France, infiniment plus
considérable aux États-Unis qu'en Espagne. Le
crédit est un élément par le moyen duquel des
engagements de formes très diverses, écrits sur
des morceaux de papier, tiennent lieu de monnaie
pendant un laps de temps plus ou moins long.
La force des choses conduit naturellement à organiser des institutions vers lesquelles ces différents engagements convergent de manière à y
être contrôlés et soldés en se balançant en grande
partie les uns les autres. Par le moyen de ces
institutions qui agissent comme des compensa-
teurs et des régulateurs, il ne faut plus, dans les
affaires, du numéraire métallique que ce qui est
nécessaire pour payer des balances très faibles par
rapport à la masse des engagements. Les instruments de crédit sont assez variés, et les institutions où ces instruments viennent se présenter,
afin que les engagements qu'ils portent s'y com-

pensent et, sauf de faibles balances, s'y liquident les uns par les autres, ne le sont pas moins. Parmi les instruments de crédit, nous signalerons le billet de banque, la lettre de change, le billet à ordre, qui n'est qu'une variante de la lettre de change, et la traite à vue sur un banquier, qui est extrêmement usitée en Angleterre sous le nom de *check*, et le compte courant. Parmi les institutions de crédit, celles qui frappent le plus les regards sont les banques, puis les maisons de banque. On peut citer aussi en ce genre les établissements de centralisation tels que celui qui est connu à Londres sous le nom de la Maison de liquidation (*Clearing House*).

Nous ne saurions entrer ici dans tous les détails qui seraient propres à faire comprendre comment chacun de ces instruments de crédit ou chacune de ces institutions dispense la société d'avoir une très grande quantité de monnaie ; nous ne pouvons que renvoyer aux articles BANQUES, CRÉDIT, LETTRE DE CHANGE, et aux traités spéciaux sur la matière. Les services que rendent ces instruments et ces institutions se conçoivent pourtant sans peine, d'une manière générale, du moment qu'on se dit que dans les payements chacun de ces instruments est admis comme du numéraire métallique, et que ces institutions ont pour objet 1° de mettre en œuvre ces instruments ou tel d'entre eux spécialement, et 2° de les attirer et les balancer les uns par les autres. Les banques publiques, par des *virements de parties*, c'est-à-dire par de simples écritures sur leurs livres, opèrent des règlements de compte extrêmement considérables entre les particuliers; par leurs billets, elles tiennent le lieu des écus jusqu'à un certain point; par les lettres de change on opère exactement comme par des envois d'espèces. Le *Clearing House* de Londres, par le rapprochement et la liquidation qu'il effectue entre la masse de traites (*chèques*) que les particuliers se délivrent les uns aux autres sur leurs banquiers, supplée à une immense quantité d'espèces; aussi on estimait, il y a quelques années, que, quotidiennement avec 200,000 livres sterling, on y réglait des affaires d'un montant quinze fois plus grand, et encore les 200,000 livres sterling qui y apparaissaient étaient-elles presque totalement en billets de banque et non pas en espèces.

Dans un État dont l'organisation commerciale est bonne, on arrive par des degrés successifs de centralisation à réduire, d'une manière incroyable, la quantité d'espèces qui autrement serait indispensable. Les grandes banques, telles que sont à Londres la Banque d'Angleterre et à Paris la Banque de France, servent d'une manière admirable à remplir cet objet. C'est dans leur sein que viennent se liquider de prodigieuses masses de transactions avec des quantités réellement très bornées de numéraire métallique.

A Londres, la Banque d'Angleterre est le point où viennent aboutir les payements définitifs des caissiers connus à Londres sous le nom de banquiers (*bankers*), qui centralisent les payements des particuliers non commerçants, et même de la plupart des commerçants eux-mêmes. C'est également à la Banque d'Angleterre que se terminent par un solde définitif une partie très notable des transactions qui ont lieu entre les différentes provinces du Royaume-Uni, parce que, dans les îles Britanniques, la plupart des banques provinciales, des commerçants, des manufacturiers de quelque importance ont un correspondant ou un agent à Londres, qui est lui-même, le plus souvent, un de ces caissiers ou banquiers dont nous parlions tout à l'heure, ou qui en fait agir un à sa place. C'est principalement par le moyen de la lettre de change sur Londres, devenue d'un usage général dans le pays, que se fait la concentration des affaires dans le giron de la Banque d'Angleterre, ou tout au moins dans la cité de Londres[1].

On retrouve en France un mécanisme à peu près semblable : les banquiers dans chaque ville, les succursales de la Banque de France dans chaque grande localité, les banquiers de Paris ou les autres correspondants qu'ont les commerçants de tout l'empire français dans la capitale, et comme couronnement la Banque de France, constituent, avec l'assistance du billet de banque et de la lettre de change sur Paris, un vaste mécanisme par lequel s'évite la mise en jeu d'une immense quantité de monnaie.

Jusqu'à ces derniers temps la Banque d'Angleterre, avec 7 ou 8 millions sterling[2] en écus

---

[1] Ceci n'empêche pas beaucoup de liquidations semblables de se consommer en dehors de Londres. La remarque que nous faisons ici s'applique particulièrement à l'Écosse ; mais nous signalons ici les phénomènes les plus étendus.

[2] Depuis deux ou trois ans la masse d'écus de la

dans ses coffres, faisait circuler avec sûreté une quantité de billets qui variait de 18 à 22 millions sterling. Ce serait cependant s'abuser que de croire que la quantité de monnaie dont elle dispensait le pays fût de 10 à 14 millions sterling seulement. Par le mécanisme même de la Banque et de ses succursales, ainsi que des caissiers ou banquiers de Londres et de la province qui sont liés avec la Banque par des comptes courants, chaque livre sterling en billet de banque suffisait à la besogne qui, en l'absence de ce mécanisme, eût exigé dix fois ou vingt fois autant d'écus.

Le rôle des lettres de change aussi est des plus importants pour l'économie des espèces. C'est un des points qu'ont le mieux élucidés les ouvrages de plusieurs économistes, à la tête desquels nous citerons M. Th. Tooke (*Histoire des prix*, tome IV, et *Inquiry in to the currency principle*) et M. J.-S. Mill (livre III, chapitre XII de ses *Principes d'Economie politique*). Au sujet de la proportion des lettres de change qui circulent en Angleterre, des évaluations curieuses, basées sur des études approfondies, ont été publiées d'abord par un banquier anglais, M. Leatham (*Lettres sur la circulation*, 1840 *et* 1841), et tout récemment, en mai 1851, par M. Newmarch, dans le *Journal de la Société de statistique de Londres*[1]. Tandis

Banque d'Angleterre s'est extraordinairement grossie ; elle est de plus de 20 millions sterling aujourd'hui, et c'est pour la Banque une sorte de grand embarras, car elle voudrait utiliser cet excédant énorme, et elle ne peut y parvenir.

[1] Ce mémoire, qui est une œuvre remarquable de

que la masse de billets de banque en circulation dans le Royaume-Uni n'excède pas 900 millions, la masse de lettres de change qui existe à un instant quelconque dans la Grande-Bretagne seule, c'est-à-dire dans le Royaume-Uni sans l'Irlande, est de 3 milliards 300 millions (132 millions st.), et avec l'Irlande, ce doit être de 4 ou 500 millions de plus. Il est vrai de dire que, dans la plupart des cas, un billet de banque passe plus rapidement de main en main qu'une lettre de change, sert à plus de transactions, et par cela même économise une plus grande masse d'espèces.

On a fait remarquer aussi (M. Th. Tooke, *Inquiry in to the currency principle*) que les bons à vue (*cheques*) sur un banquier, dont il est fait un usage si multiplié en Angleterre, l'emportent de beaucoup sur les billets de banque pour économiser l'emploi des métaux précieux monnayés. Si l'on payait en billets de banque au lieu de *cheques*, tout payement ou appoint de moins de 5 livres devrait être en or ou en argent, dans l'Angleterre proprement dite et le pays de Galles, où les billets de banque de moins de 5 livres n'existent pas. Avec les *cheques*, tout, jusqu'au dernier centime, est en papier. Pour l'Angleterre et le pays de Galles, les payements de moins de 5 livres et les appoints exigeraient la présence d'une masse énorme d'écus. Les ordres de transfert du compte courant d'un particulier à la ban-

patience, a été traduit par M. Ath. Gros, et se trouve dans le *Journal des Économistes* de 1832, livraisons de janvier, février, mai et juin.

que au compte d'un autre présentent le même avantage par rapport au billet de banque, et les lettres de change aussi.

La conclusion à laquelle nous voulions arriver relativement à ces substituts de la monnaie, conclusion aisée à motiver, est celle-ci, qui a été formulée très bien par un des écrivains les plus ingénieux et les plus spirituels qui aient écrit sur la monnaie, M. Fullarton, dans sa *Réglementation du numéraire (on the Regulation of currencies)* : par le mécanisme de la comptabilité commerciale, perfectionnée comme elle l'est aujourd'hui, et par les procédés de règlement qui sont employés communément en Angleterre, au moyen d'intermédiaires tels que les banques ou les banquiers, on peut calculer que les neuf dixièmes au moins des transactions y sont réglées et soldées sans qu'il y soit besoin d'un écu ou seulement d'un billet de banque, si ce n'est pour de faibles appoints. La quantité de métaux monnayés, et même de billets de banque, qui est réellement employée n'est, pour ainsi dire, qu'un infiniment petit en comparaison de la masse des titres qui sont mis en circulation ou des instruments qui produisent le même résultat. C'est en ce sens, et non pas dans un sens absolu ou au pied de la lettre, qu'il faut entendre la formule de Ricardo, sur laquelle on a beaucoup disserté en la faussant par l'exagération : *la monnaie, à l'état le plus parfait, est de papier.*

Et, répétons-le, tous ces titres qui avec l'or ou l'argent passent de mains en mains pour liquider les transactions, toutes ces combinaisons

qui dispensent même de titres circulants et parmi
lesquelles le compte courant est la plus remarquable, tout cela vient se classer sans effort sous
une dénomination unique, précise, simple, celle
du crédit.

On a par là un des aspects sous lesquels se
peut le mieux mesurer l'étendue des services que
le crédit rend à la société, et on s'explique comment des faiseurs de projets et des écrivains peu
réfléchis ont attribué au crédit une puissance
sans pareille et lui ont demandé tout, même l'impossible.

Tous ces titres et ces instruments de crédit
sont des substituts de la monnaie, mais aucun
d'eux n'est de la monnaie, et l'on ne saurait,
sans les plus grands inconvénients, tenter de les
y assimiler complétement. Ce serait une méprise
de la même force que si l'on confondait un por-
trait avec l'original, l'ombre avec la substance.

Dans tous les emplois qu'on en peut faire, sous
toutes les formes qu'il peut revêtir, le crédit, par
cela seul qu'il est exprimé en francs ou en livres
sterling, suppose absolument que l'individu cré-
dité ou créancier ait la faculté d'exiger la livraison
d'une somme effective de monnaie, c'est-à-dire,
nous ne saurions trop le faire remarquer, d'or ou
d'argent en nature, car les écus sonnants ne sont
pas autre chose. Toujours finalement l'or ou l'argent servent de gage possible à la transaction. De
là, pour tous les titres de crédit, une condition,
facultative pour le créancier, de conversion en espèces métalliques, condition en l'absence de laquelle la stipulation portée sur le titre de crédit

courrait grand risque d'être mensongère. En effet, quelle autre garantie incontestable puis-je avoir que tous ces engagements représentent un certain nombre de francs, c'est-à-dire un certain nombre de fois 5 grammes d'argent au titre de 9/10, si lorsque j'ai lieu de soupçonner le contraire, je n'ai le pouvoir de les échanger effectivement contre la quantité de métal dont ils portent le nom?

Certains gouvernements ont essayé de tourner cette difficulté en statuant que les titres de crédit, ou, pour parler plus nettement, le papier-monnaie qu'ils émettaient, serait remboursable en certaines choses, et particulièrement en terres. C'est sur cet artifice qu'était basée, à l'origine, l'émission des assignats en France à la fin du siècle dernier : mais alors, pour être sincères, les assignats auraient dû porter non pas un certain nombre de livres ou de francs, mais bien un certain nombre d'hectares ou d'ares de terre de telle ou telle qualité. Du moment que l'assignat était défini par un nombre déterminé de francs ou de livres, il était de toute nécessité qu'il y eût des bureaux où, à une époque fixée d'avance, ils allassent ou pussent, à la volonté du porteur, aller se convertir en francs ou en livres, c'est-à-dire en un poids connu d'or ou d'argent. Par cela même qu'ils n'offraient aucunement ce caractère, c'était du papier-monnaie d'une valeur fictive, qui devait varier aussi au gré des événements, et qui était destiné à se déprécier énormément dès qu'il excéderait certaines proportions, et l'on sait si l'assignat échappa à ce triste sort. (Là-dessus voir l'article Papier-Monnaie.)

On voit par là que c'est une entreprise chimérique de viser à se passer des métaux précieux comme instrument des échanges, c'est-à-dire comme monnaie, ou, pour me servir d'une expression qui a été employée plus d'une fois, de se proposer de détrôner l'or. L'or (ou l'argent) restera toujours comme une pierre de touche, de laquelle les titres de crédit, quels qu'ils soient, doivent pouvoir être rapprochés, afin qu'on ait la garantie qu'ils ne sont pas des mensonges. Ils ne seraient rien que mensongers, si à un moment fixé, mais variable selon la nature du titre, ils n'étaient échangeables contre une quantité déterminée d'or ou d'argent; car ils ne tiendraient pas ce qu'ils auraient promis. Et c'est bien ainsi que l'entendait Ricardo, alors qu'il mettait en avant la célèbre formule que nous citions il y a un instant.

Ce qui concerne les pièces de cuivre a été traité à part à l'article BILLON.

FIN.

TABLE DES MATIÉRES.

MÉTAUX PRÉCIEUX.

MONNAIE.

Imprimerie de G. GRATIOT, 30. rue Mazarine.

www.ingramcontent.com/pod-product-compliance
Lightning Source LLC
LaVergne TN
LVHW012330170726
843503LV00002B/795